44 Martinus-Symbole

1. Der Geist Gottes über den Wassern
2. Das Welterlösungsprinzip
3. Intoleranz
4. Der Weg zum Licht
5. Kosmische Bewusstlosigkeit
6. Das Lebewesen I
7. Das Lebenseinheitsprinzip
8. Das Göttliche Etwas – X 1
9. Das Schöpfungsvermögen des Lebewesens – X 2
10. Das Erschaffene – X 3
11. Das ewige Weltbild / Das Lebewesen 2 / Die ewige Gottheit und die ewigen Gottessöhne
12. Die Kombinationen der Grundenergien
13. Der ewige Weltplan
14. Die Kosmischen Spiralkreisläufe I
15. Das Gesetz der Bewegung
16. Der Ewigkeitskörper
17. Reinkarnation, Kreislauf und Jahreszeiten
18. Die Schicksalsbogen des Lebewesens
19. Durch die Finsternis der Einweihung (Die Hölle oder Götterdämmerung)
20. Die Vergebung der Sünden
21. Die ewige kosmische organische Verbindung zwischen Gott und dem Gottessohn I
22. Die ewige kosmische organische Verbindung zwischen Gott und dem Gottessohn II
23. Der wahre Mensch als Abbild Gottes, ihm gleichend
24. Das unfertige Menschenreich
25. Das Karma der Menschheit
26. Das zukünftige vollkommene Menschenreich
27. Der kosmische Strahlenglanz der Erde
28. Das ewige Leben oder die Lebensleiter
29. Kosmische Entwicklungsbahnen
30. Die ewige Gottheit und die Wahrnehmungsbegabung der Wesen
31. Die Wahrnehmungsfähigkeit und die Entwicklungsstufen des Lebewesens
32. Die zwölf Grundfazite oder die Lösung des Lebensmysteriums
33. Die tierischen und menschlichen Gedankenklimas
34. Der Paarungsakt oder Gottes Geist in der Finsternis
35. Der kosmische Kreislauf des Polprinzips
36. Die Struktur des ewigen Lebens
37. Die verschleierte und entschleierte ewige Wahrheit
38. Der Mensch und animalische und vegetarische Nahrung
39. Die Bewusstseinskategorien der Erdenmenschheit
40. Das Zeichen des Kreuzes
41. Das Sternsymbol
42. Die Struktur der Fahne
43. Symbol über das „Livets Bog“
44. Das Gesetz vom Dasein – liebet einander

3 Arbeitsgrafiken von Otto Beckmann

I. Zwölftrapez I mit den 72 Gottesnamen
II. Zwölftrapez II
III. Zwölftrapez III M.S. 1 bis M.S. 44

EINLEITUNG ZUR SYMBOLBEILAGE

Liebe Leserin, lieber Leser,

das Buch „Antenne zur spirituellen Dimension“ ist als Anleitung zum Heilen gedacht. Es will praktische Handhabungen für eine Anwendung und Heilung unserer Krankheiten mithilfe der Geisteswissenschaft des Dritten Testamentes geben.

Martinus gibt uns die Lösung des Lebensmysteriums und wir verstehen, warum alle unsere Krankheiten aus der Unwissenheit kommen. In seinem Hauptwerk „Das Dritte Testament“ mit dem Untertitel „Livets Bog 1-7“ wird das für den Erdenmenschen bestehende Rätsel über das Leben vollständig entschleiert. Wir können somit eine Lebensführung finden, in der Krankheiten von ihrer Wurzel her entfernt werden. Ein Leben, in dem es keine Tränen und keinen Schmerz mehr gibt (Off 7, 17; 21, 4).

Wer in Martinus' Analysen liest und danach zu leben beginnt und immer wieder liest, der geht den Weg zu immer besserer Gesundheit. In seinen 44 Symbolen, beschrieben in „DAS EWIGE WELTBILD 1-4“ hat uns Martinus einen konzentrierten und zugleich erleichterten Zugang zum Wissen um das Leben gegeben. Wissen hebt Unwissenheit auf. Da Wissen Energie ist gegen Unwissenheit, ist Wissen auch eine Energie gegen die Folgen von Unwissenheit. Eben eine Energie gegen Krankheiten. In den Symbolen sehe ich neben dem erleichterten Zugang zum Wissen um das Lebensrätsel auch einen Weg zum Einsatz dieses Wissens als Automatwissen. So habe ich 44 Symbole mit ihrem Automatwissen als Heilsymbole benutzt.

Ich habe die Symbole, mit freundlicher Genehmigung des Martinus Institutes, Kopenhagen, in diesem Beilagebuch drucken lassen. So kann beim Lesen meiner Symbolerklärungen im Buch „Antenne zur spirituellen Dimension“ das Symbol aus dieser Beilage gleichzeitig eingesehen werden. Zum besseren Verständnis des Lesers gibt es auf jeder Symbolrückseite auch noch eine kurze Symbolerläuterung.

Die vollständigen Beschreibungen der Symbole finden Sie in den von Martinus niedergeschriebenen Symbolerklärungen in den oben erwähnten Büchern seines Hauptwerkes.

In dieser Beilage findet der Leser außerdem 3 von mir empfohlene Arbeitssymbole.

Es ist in meinem Buch schon darauf verwiesen worden, dass die Symbole als Heilgrafiken eingesetzt werden können. Eine Schwarzweiß-Kopie genügt dafür. Sie kann auf einem Tisch oder einem Regal ausgelegt werden. Werden mehrere Regalbretter übereinander benutzt, dann ist ein gewisser Abstand zu beachten. Ich habe wenigstens 40 Zentimeter Abstand vom Boden eingehalten und jeweils 33 Zentimeter von einem Regalbrett zum anderen.

Wie funktionieren die Symbole als Heilgrafiken?

Es gehören 3 Faktoren dazu:

1. Das Symbol
2. Der Kranke
3. Der Therapeut

1. <u>Das Symbol</u>

Es wird auf einen Tisch oder ein Regalbrett gelegt.

2. <u>Der Kranke</u>

Er wird nicht persönlich auf das Symbol gelegt – um es einmal so drastisch zu sagen –, und doch wird er persönlich aufgelegt, und zwar vertreten durch einen Zeugen von ihm. Das kann auf vielerlei Weise geschehen, zum Beispiel durch ein Foto von ihm oder es kann auch eine Haarprobe von ihm sein. Ich falte dafür kleine Briefchen und beschreibe sie mit dem Namen, dem Geburtsdatum, dem Wohnort des Kranken und mit dem Datum des Beginns der Behandlung. Das ist meine übliche Methode, da die Armen der Ärmsten nicht ohne weiteres über ein Foto verfügen. Es kann auch ein wenig Speichel sein, der mit einem Finger auf ein Blatt Papier getupft wird usw. Der Kranke muss die Behandlung wollen.

3. <u>Der Therapeut</u>

In der Radiästhesie wird er Operator genannt und ist ein wesentlicher Faktor der Heilarbeit. Wenn ein Foto rein zufällig auf ein Symbol geraten würde, gäbe es überhaupt keine Heilwirkung.

Durch Martinus lässt sich das bestens verstehen, denn er zeigt uns ja tausendfach, dass jede Bewegung ein Ich mit seinem Urbegehren, seinen Wünschen, seinem Willen zum Ausgangspunkt haben muss. Und es ist ja der Therapeut, der den Energiefluss des Symbols in Gang setzt.

Natürlich gehört auch der Wille des Patienten dazu. Darum kann niemand heilen, wenn der Patient nicht darum bittet, zum Beispiel, wenn ein Foto ohne Wissen des Betroffenen vorgelegt wird. Nur bei unmündigen Kindern können ihre Eltern oder ihre gesetzlichen Vertreter eine Behandlung für ihre Schutzbefohlenen erbitten. Sie sind ja nach Martinus die physischen Schutzengel dieser Kinder.

Da jede Willensäußerung mental ist, genügt es auch, wenn der Kranke einfach durch den auf ein Blatt Papier geschrieben Namen auf das Symbol gelegt wird. Ich tue dies immer dann, wenn ich über das Telefon um Hilfe gebeten werde. Ich konnte in vielen solchen Fällen keine Beeinträchtigung der Wirkung gegenüber einem aufgelegten Foto feststellen.

Es bedarf also eines Dreiecks für die Heilwirkung, gebildet aus dem Ich des Martinus, von dem das Symbol kommt, dem Ich des Kranken und dem Ich des Therapeuten.

Soll man Einzelsymbole benutzen oder die Gesamtheit der Symbole im Zwölftrapez?

Zwei Jahre habe ich nur das Foto auf jeweils ein Symbol gelegt, und wenn bei täglicher Prüfung die Rute das Ende anzeigte, habe ich das nächste indizierte Symbol benutzt. Jetzt arbeite ich überwiegend mit allen Symbolen, verteilt im Zwölftrapez.

Da der Rat des Martinus Institutes den Kleinausdruck der Symbole nicht für angemessen hielt, habe ich sie im hier abgebildeten Zwölftrapez mit M.S. 1, M.S. 2 usw. gekennzeichnet. Die Symbole sind dadurch eindeutig identifiziert und haben darum die gleiche Wirkung wie eine Bildkopie.

 Reg. 1

Symbol Nr. 1
Der Geist Gottes über den Wassern

Symbol Nr. 1

Der Geist Gottes über den Wassern

Das Symbol zeigt, dass es Bewusstsein hinter allen Schöpfungsprozessen der Natur oder des Universums gibt.

Das Lichtzentrum oben, von dem die Strahlen ausgehen, symbolisiert das schöpfende „Etwas“ oder die Gottheit.

Das Flammenkreuz symbolisiert die absolut vollkommene Manifestation oder Schöpfung der Gottheit.

Das Strahlenmeer zeigt den alles durchdringenden schöpferischen Geist, das Bewusstsein, den Willen und die Allmacht der Gottheit.

Im Strahlenmeer sieht man markierte Felder in helleren und dunkleren Tönen. Dies sind die kosmischen Weltimpulse, die für die Lebewesen Erlebenszustände und Daseinsebenen auslösen und aufrechterhalten.

Die vielen Kreise symbolisieren die Sonnen und Planeten des Universums und das Bewusstseinsleben der an sie gebundenen Lebewesen.

Der doppelt umrandete Kreis zeigt den Erdball und seine Menschheit. Er wird von drei Weltimpulsen berührt.

- Der untere zeigt das Bewusstseinsleben der primitiven Menschen.
- Der mittlere zeigt den Weltimpuls, von dem das Christentum, der Islam und der Buddhismus ausgegangen sind.
- Der obere Impuls zeigt den neuen Weltimpuls, der allmählich Religionen und Glaubensformen überflüssig machen wird, da er die religiöse und wirkliche Seite des Lebens als absolute Wissenschaft klarmachen wird.

Siehe hierzu auch die Erklärung von Symbol Nr. 1 im Buch „Das Ewige Weltbild“, Band 1

Reg. 2

Symbol Nr. 2
Das Welterlösungsprinzip

Symbol Nr. 2

Das Welterlösungsprinzip

Das Symbol symbolisiert die schrittweise Entwicklung des Wesens zum Ebenbild Gottes mithilfe der Religionen und der Welterlöser.

Die Treppenformation symbolisiert die Entwicklungsstadien oder die Entwicklungsphasen des Erdenmenschen vom „Tier“ zum „Menschen“.

Das orange Feld symbolisiert das „Tierreich“, zu dem auch der unfertige Mensch gehört, solange er seine tierischen Tendenzen nicht überwunden hat.

Das gelbe Feld symbolisiert das vollkommene „Menschenreich“, in dem Allliebe und Frieden herrschen.

Das leuchtende Feld mit dem Stern symbolisiert Gott, der die Vorsehung und Vater für alle Wesen ist.

Die Strahlen, die von dem Stern über die Treppenformation fallen, symbolisieren Gottes Geist in Form der Weltreligionen und damit auch das Welterlösungsprinzip.

Der untere Strahlenteil symbolisiert mit seiner orangen Farbe, dass hier die Religionen noch das tierische oder tötende Prinzip im Menschen fördern.

Der gelbe Bereich der Strahlen bedeutet, dass die Menschen hier zu den humanen Religionen gelangt sind.

Durch die oberen weißen Strahlenbereich wird angezeigt, dass hier alle Religionen von der kosmischen Wissenschaft abgelöst worden sind.

Die oberste Stufe zeigt den vollendeten Entwicklungsstand, in dem der Mensch „zum Abbild Gottes“ geworden ist

Siehe hierzu auch die Erklärung von Symbol Nr. 2 im Buch „Das Ewige Weltbild“, Band 1

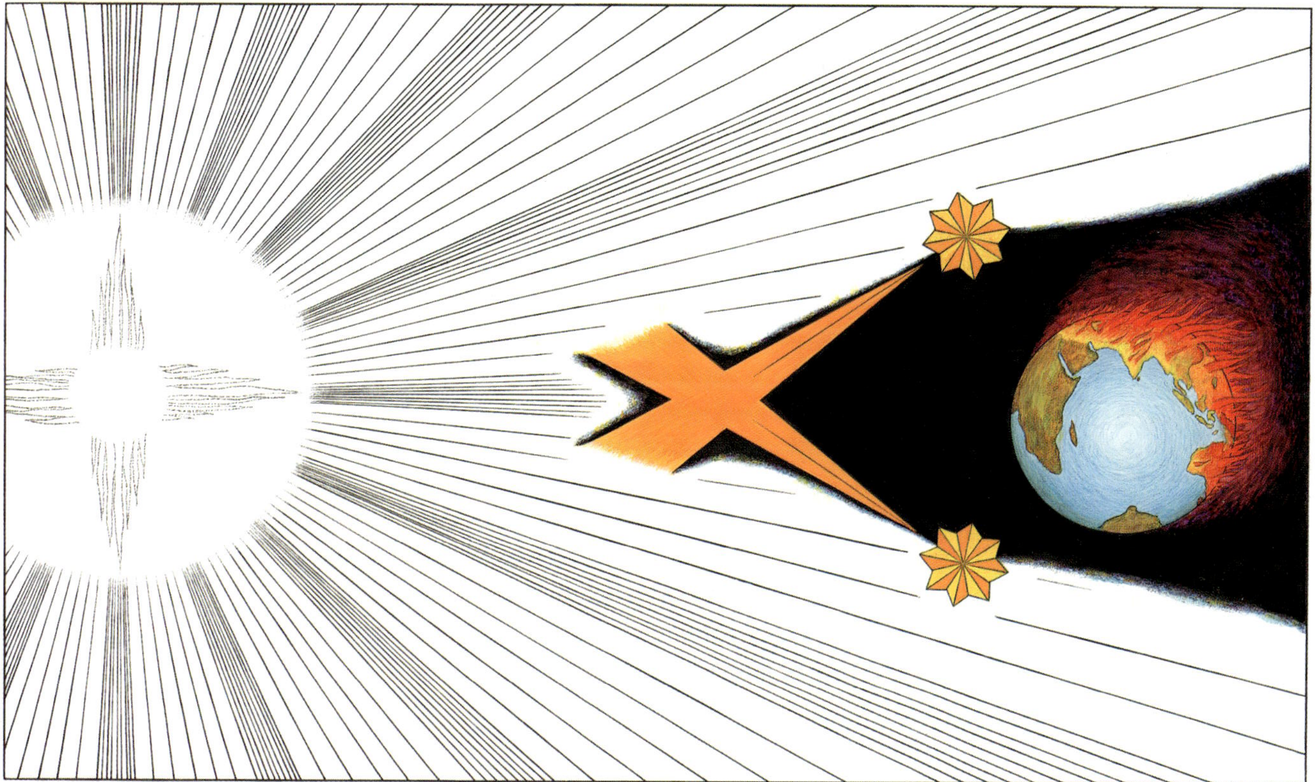

Reg. 3

Symbol Nr. 3
Intoleranz

Symbol Nr. 3

Intoleranz

Wenn Intoleranz herrscht, egal ob zwischen Tieren, Menschen oder zwei oder mehren Nationen, dann ist das Sabotage an der Allliebe, die der Grundton im Weltall ist.

Das Lichtzentrum links symbolisiert Gott oder die Ursache der Schöpfungsmacht im Universum.

Das Flammenkreuz mit den davon ausgehenden Strahlen symbolisiert den unsichtbaren Heiligen Geist oder Bewusstsein hinter allen Manifestationen, Schöpfungsprozessen und das Erschaffene im Weltall.

Die zwei sich kreuzenden orangen Strahlen symbolisieren, dass die zwei Lebewesen oder Gruppen von denen sie ausgehen, in Krieg oder Unfrieden miteinander leben.

Der brennende Erdball symbolisiert die Sabotage an dem Leben der Wesen oder an ihrem Wohlergehen.

Dass das Strahlenmeer außen am Erdball vorbeigeht, soll anzeigen, dass dort, wo Hass herrscht die Liebe nicht zum Ausdruck kommen kann.

Siehe hierzu auch die Erklärung von Symbol Nr. 3 im Buch „Das Ewige Weltbild“, Band 1

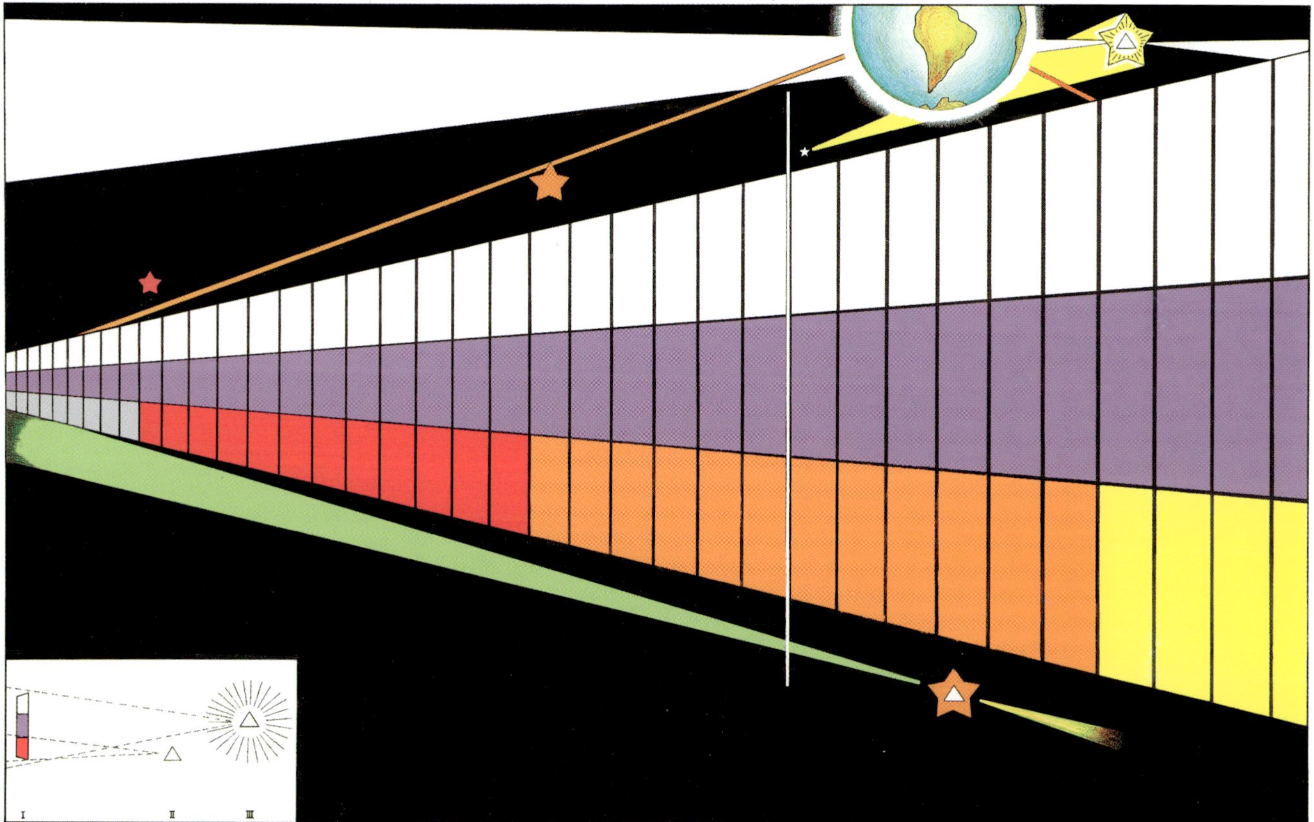

Reg. 4

Symbol Nr. 4
Der Weg zum Licht

Symbol Nr. 4

Der Weg zum Licht

Jeder vertikale Figurabschnitt in der zentralen, sich von links nach rechts vergrößernden kegelförmigen Farbfläche symbolisiert ein Lebewesen.

Der obere, weiße Teil eines Abschnittes symbolisiert das ewige höchste Selbst oder Ich eines Wesens. Der mittlere, violette Teil symbolisiert die ewige kosmische Struktur eines Wesens, die zusammen mit dem Ich sein Oberbewusstsein ausmacht und der untere, farbige Teil symbolisiert den physischen Organismus des Wesens.

Die sich von links nach rechts vergrößernden Abschnitte symbolisieren, dass die Wesen einer Entwicklung unterworfen sind.

Die unteren, farbigen Abschnitte bezeichnen von links nach rechts folgende Daseinsebenen: Seligkeits- bzw. Mineralreich (violett), Pflanzenreich (rot), Tierreich (orange), wahres Menschenreich (gelb).

Der Abschnitt zwischen der senkrechten weißen Linie im Tierreich bis zum wahren Menschenreich ist die Zone des unfertigen Erdenmenschen.

Der orange Stern mit den grünen Strahlen im unteren Symbolteil bezeichnet die menschliche Forschung und ihre Ausdehnung.

Der gelbe Strahl zwischen dem kleinen und dem großen gelben Stern, von dem wiederum zwei große weiße Strahlen ausgehen, symbolisiert das religiöse Prinzip.

Der große Stern an der oberen Symbolkante bezeichnet die „Große Geburt“ eines Wesens und dessen daraus folgende unbegrenzte kosmische Wahrnehmungsfähigkeit durch die zwei weißen Strahlen.

Der Erdball und seine Position im Symbol bezeichnen, dass die Erde in ihrer jetzigen Entwicklung den Erdenmenschen genau die Lebens- und Schicksalsbedingungen gibt, die zum Erlangen der Großen Geburt notwendig sind.

Die zwei dünnen, vom Erdball ausgehenden orangen Linien bezeichnen den Kenntnisbereich des Erdenmenschen, den er durch die wissenschaftliche Forschung erlangt hat.

Die kleinere separate Figur in der unteren linken Ecke des Symbols beschreibt die unterschiedliche Wahrnehmungsfähigkeit zwischen einem kosmisch bewussten und einem kosmisch unbewussten Wesen.

Siehe hierzu auch die Erklärung von Symbol Nr. 4 im Buch „Das Ewige Weltbild“, Band 1

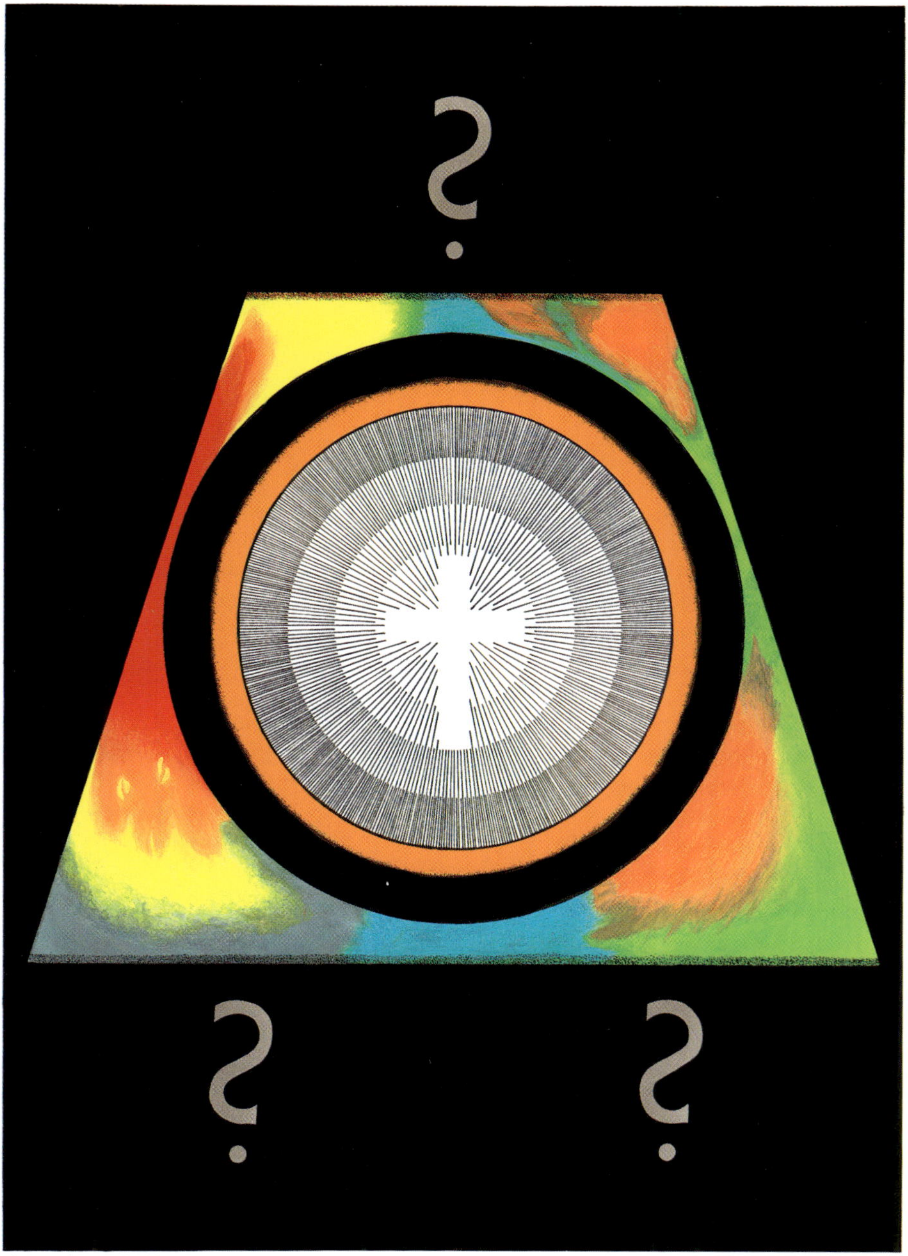

 Reg. 5

Symbol Nr. 5
Kosmische Bewusstlosigkeit

Symbol Nr. 5

Kosmische Bewusstlosigkeit

Das Symbol ist ein Ausdruck für die Unkenntnis des unfertigen Menschen über seine eigene ewige Struktur.

Die Fragezeichen bezeichnen die kosmische Bewusstlosigkeit des Wesens.

Die nebelartigen Felder um den schwarzen Kreis bezeichnen die tragenden Bewusstseinsschichten:

- Rot:	Instinkt
- Orange:	Schwereenergie
- Gelb:	Gefühl
- Grün:	Intelligenz
- Blau:	Intuition
- Indigo:	Gedächtnis

Die strukturlose nebelartige Ansammlung der Farben bezeichnet, dass das Wesen diese Begriffe zwar kennt, aber nicht weiß, wie sie in seiner eigenen Mentalität oder Psyche organisiert sind.

Der orange Kreis innerhalb des schwarzen bezeichnet den physischen Körper des Wesens.

Das Zentrum hinter dem weißen Kreuz, von denen die Strahlen ausgehen, bezeichnet das Ich des Lebewesens.

Das Kreuz bezeichnet das vollkommene Bewusstsein und die daraus folgende vollkommene Manifestation.

Die weißen, durch die Struktur der Strahlen bezeichneten Gebiete um das Kreuz symbolisieren die hohen geistigen oder kosmischen Strukturen und Funktionen des Wesens.

Siehe hierzu auch die Erklärung von Symbol Nr. 5 im Buch „Das Ewige Weltbild“, Band 1

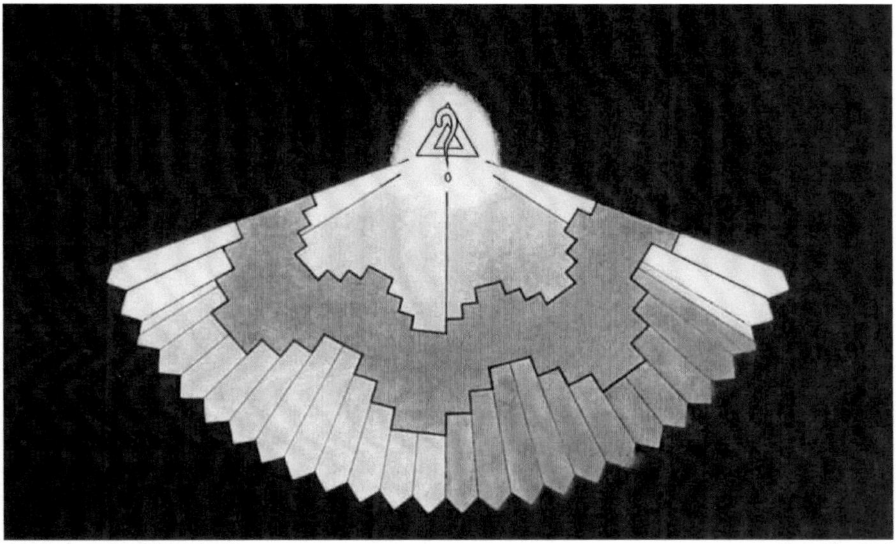

 Reg. Nr. 22A

Symbol Nr. 22A
Das materialistische oder das unfertige Weltbild

Das Symbol Nr. 22A symbolisiert ebenso wie die unteren Abschnitte in den Symbolen 21 und 22 das gängige physische Weltbild. Es ist unfertig, denn es beinhaltet nur die Schöpfung und das Erschaffene, nicht aber den Schöpfer.

Oberhalb des mittleren eckigen dunklen Feldes ist der Organismus des Gottessohnes oder des Lebewesens dargestellt.

Unterhalb des eckigen dunklen Feldes ist die physische Welt dargestellt, wie sie außerhalb des Gottessohnes in Form von unzähligen Lebewesen existiert.

In diesem Bereich bezeichnet der hellere Teil der strahlenförmigen Figur das Pflanzenreich und der angrenzende dunklere Teil das Tierreich.

Der noch hellere Bereich ganz links der strahlenförmigen Figur bezeichnet das physisch wahrnehmbare Mineralreich als Ausläufer des Seligkeitsreiches und ganz rechts der hellere Bereich der strahlenförmigen Figur deutet das kommende wahre Menschenreich an.

Das Fragezeichen über den oberen zwei Dreiecken zeigt, daß die „Ichs" Gottes und des Gottessohns mystisch verschleiert sind.

Siehe hierzu auch die Erklärung von Symbol Nr. 22A im Buch „Das Ewige Weltbild", Band 2

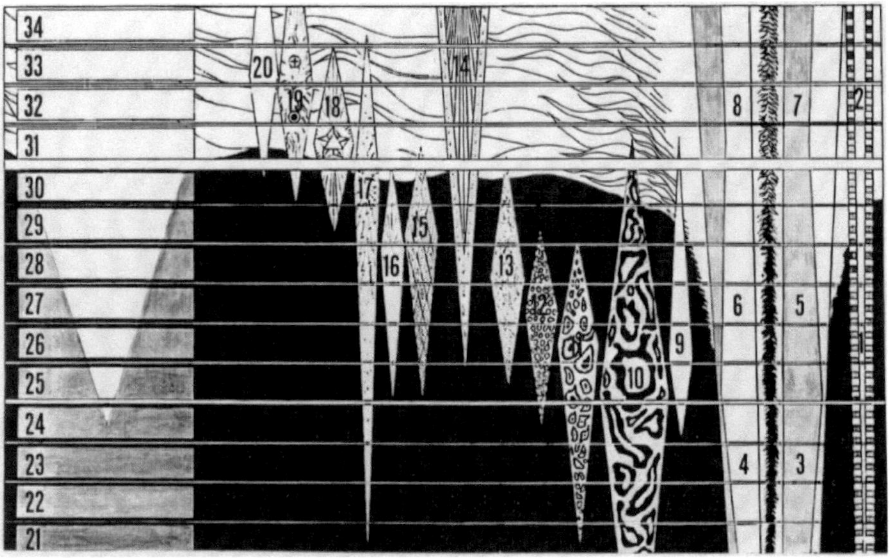

 Reg. Nr. 33A

Symbol Nr. 33A

Zahlenübersicht zu den Erklärungen von Symbol Nr. 33

Das Symbol zeigt die Bezugszahlen zu den Erklärungen der Figuren des Symbols Nr. 33.

Siehe hierzu auch die Erklärung von Symbol Nr. 33 im Buch „Das Ewige Weltbild", Band 3

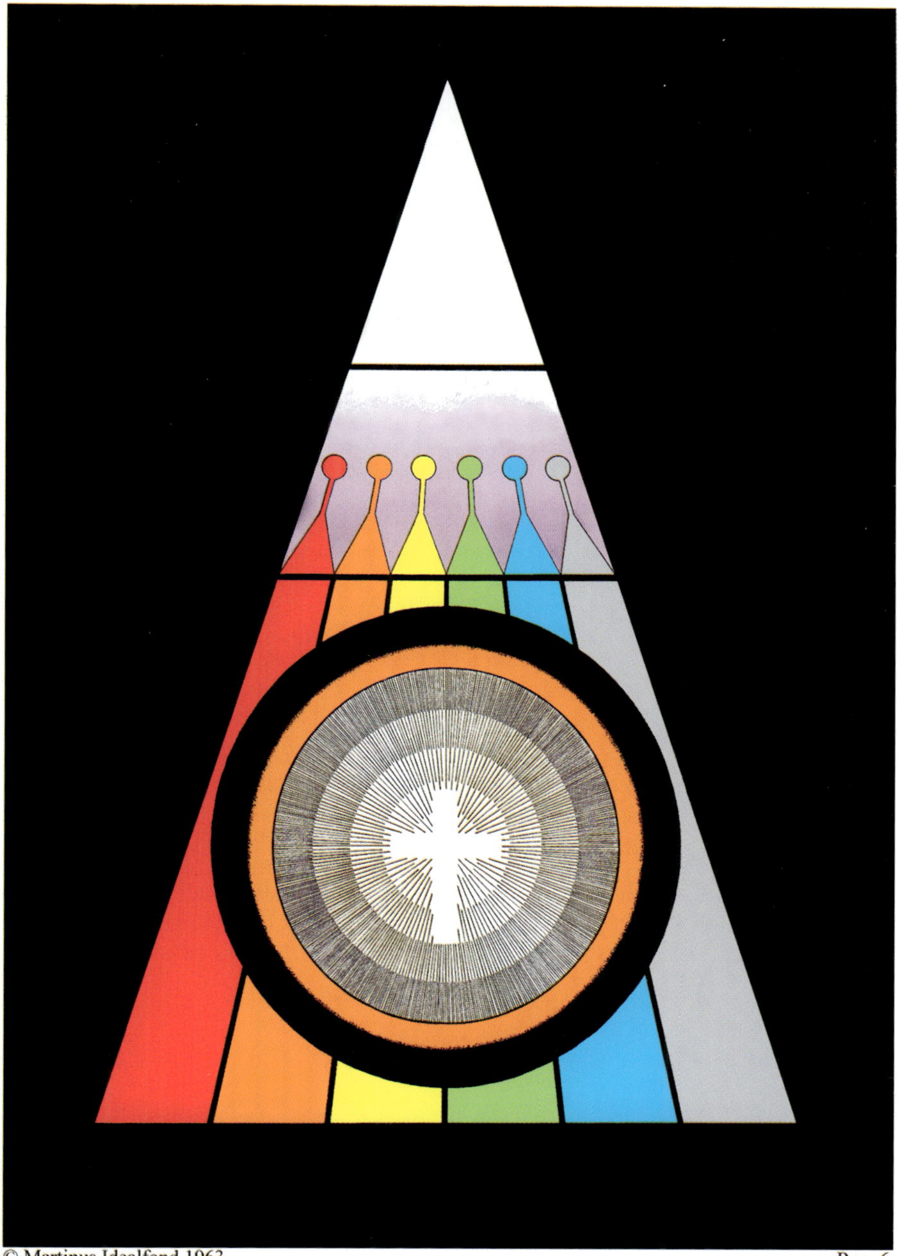

Reg. 6

Symbol Nr. 6
Das Lebewesen I

Symbol Nr. 6

Das Lebewesen I

Das Symbol zeigt das Lebewesen als ein ewiges dreieiniges Prinzip.

Das obere weiße Feld symbolisiert das Ich des Lebewesens oder X1.

Das mittlere Feld zeigt die Schöpfungsfähigkeit des Ichs, das Überbewusstsein oder X2.

Das untere Feld ist Ausdruck für das Erschaffene, das Unterbewusstsein oder X3.

Die dreieinige Analyse zeigt, dass das Lebewesen ewig und unsterblich ist.

Die violette Farbe stellt das höchste Energiefeld des Lebens dar, die Mutterenergie. In diesem Energiefeld sind alle Hauptfunktionen des Lebens verwurzelt.

Die kreisförmigen farbigen Felder symbolisieren die Grundtalentkerne des Ichs oder „Spiralzentren". Die farbigen Dreiecke zeigen die ewige Organstruktur, durch die das Ich seine zeitliche oder veränderliche Organstruktur und sein zeitliches oder veränderliches Dasein erschaffen kann.

Die sechs farbigen Felder symbolisieren die „erschaffenen" Körper.

Rot:	Instinktkörper
Orange:	Schwerekörper
Gelb:	Gefühlskörper
Grün:	Intelligenzkörper
Blau:	Intuitionskörper
Indigo:	Gedächtniskörper

Diese Körper sind vorübergehende Organstrukturen, die ausgewechselt oder verwandelt werden können, je nach den Bedürfnissen des Ichs in seiner wechselnden Anbindung an die verschiedenen Stufen auf der Entwicklungsleiter.

Das Kreuz symbolisiert das absolut vollkommene Bewusstsein.

Siehe hierzu auch die Erklärung von Symbol Nr. 6 im Buch „Das Ewige Weltbild", Band 1

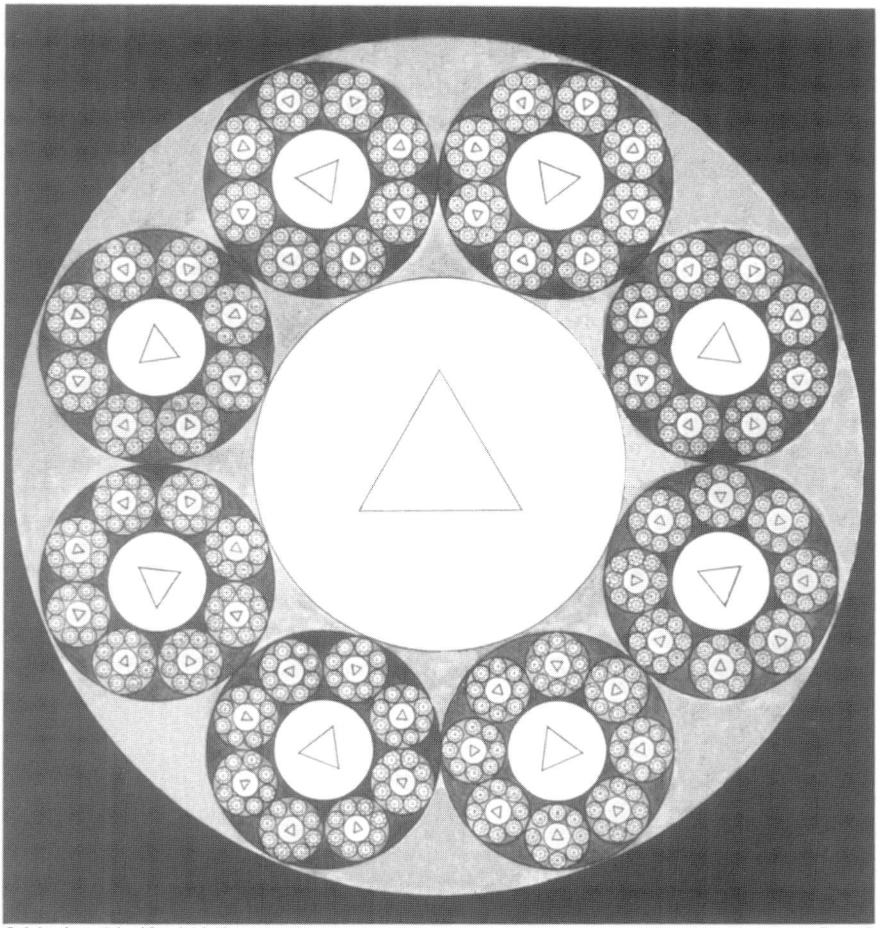

 Reg. 7

Symbol Nr. 7
Das Lebenseinheitsprinzip

Symbol Nr. 7

Das Lebenseinheitsprinzip

Das Symbol macht deutlich, dass das Weltall eine unendliche Einheit ist, die aus Wesen besteht, die wiederum aus Wesen bestehen, usw.

Das Dreieck und das weiße Feld in der Mitte symbolisieren das Ich und sein Oberbewusstsein, während die Felder außerhalb seinen physischen Organismus oder Körper symbolisieren.

Die große Struktur ist wiederholt in die kleineren eingezeichnet. Dies symbolisiert, dass die lebenden Organismen der Wesen aus lebenden Organismen anderer Wesen bestehen.

Dieses Prinzip des Aufbaus des Organismus setzt sich fort bis ins unendlich Kleine und ins unendlich Große.

Siehe hierzu auch die Erklärung von Symbol Nr. 7 im Buch „Das Ewige Weltbild“, Band 1

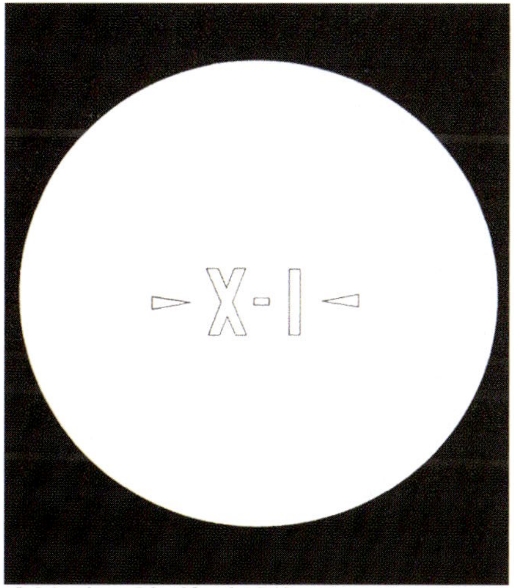

 Reg. 8

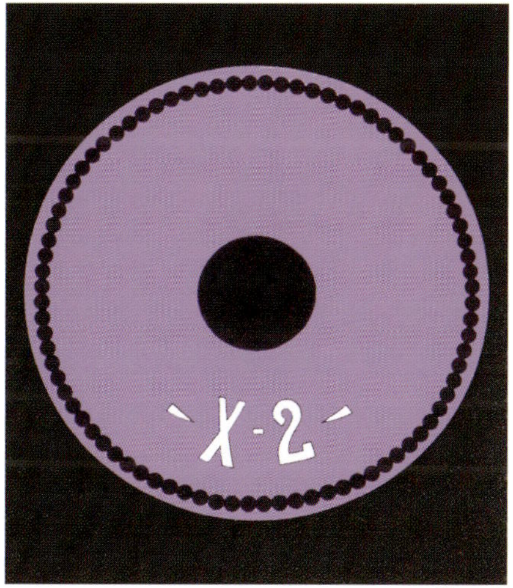

Reg. 9

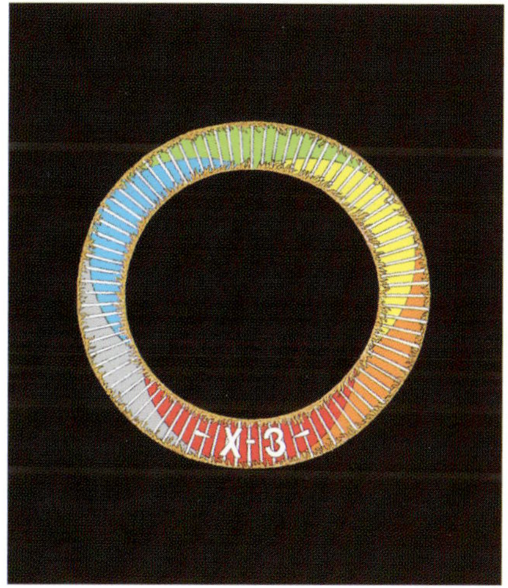

Reg. 10

Symbol Nr. 8
Das Göttliche Etwas – X 1

Symbol Nr. 9
Das Schöpfungsvermögen des Lebewesens – X 2

Symbol Nr. 10
Das Erschaffene – X 3

Symbole Nr. 8, 9, 10

Die drei Analysen des Dreieinigen Prinzips

Symbol Nr. 8 **Das Göttliche Etwas – X 1**

Die weiße Scheibe symbolisiert die Namenlosigkeit des Weltalls, weil es in sich selbst alles beinhaltet. Es ist auch Ausdruck für das selbe „Etwas" wie das Ich in den Lebewesen. Dieses „Etwas" müssen wir als das Ich des Weltalls bezeichnen. Es hat die Bezeichnung X1.

Symbol Nr. 9 - **Das Schöpfungsvermögen des Lebewesens – X 2**

Symbol 9 bezeichnet die Schöpfungsfähigkeit des Ichs. Weil diese Schöpfungsfähigkeit ewig und unendlich ist, ist sie namenlos und wird als X2 bezeichnet.

Die violette Farbe bezeichnet die höchste Grundenergie, welche die übrigen Grundenergien in lebensbedingenden wechselnden Kombination hervortreten lässt. Diese siebente Grundenergie hat auch den Namen „Mutterenergie".

Das große schwarze Feld in der Mitte und die vielen kleinen schwarzen Felder an der Kante des Symbols symbolisieren das ewige Prinzip, welches besagt, dass das „Etwas", das das Ich in dem lebenden Wesen ausmacht und das in sich selbst ein unsterbliches Element ist, auch das Ich in allen anderen existierenden lebenden Wesen ist.

Symbol Nr. 10 - **Das Erschaffene – X 3**

Symbol 10 repräsentiert das Resultat, das aus dem X1 und dem X2 des Weltalls hervorgeht. Dieses Resultat ist das wahrnehmbare Weltall, auch als X3 bezeichnet.

Siehe hierzu auch die Erklärung von Symbol Nr. 8, 9, 10 im Buch „Das Ewige Weltbild", Band 1

 Reg. 11

Symbol Nr. 11

Das ewige Weltbild / Das Lebewesen 2 / Die ewige Gottheit und die ewigen Gottessöhne

Symbol Nr. 11

Das ewige Weltbild / Das Lebewesen 2 / Die ewige Gottheit und die ewigen Gottessöhne

Das Symbol zeigt das Universum in seiner Ganzheit. Das Universum ist ein Lebewesen, das sich in sechs verschiedenen Daseinsebenen manifestiert. Jede Daseinsebene besteht aus Lebewesen, deren Lebenserleben durch die Wechselwirkung mit ihrer Umgebung und damit mit dem Universum oder der Gottheit erschaffen wird.

Der weiße Stern und das Strahlenfeld in der Mitte symbolisieren die Gottheit, während die weißen Kreise und die hiervon ausgehenden Strahlen die einzelnen Lebewesen darstellen.

Die farbigen Felder sind Reaktionen auf die Begegnung zwischen der Gottheit und den Lebewesen. Diese Reaktionen machen sechs Daseinsebenen aus, die jeweils durch ihre Farbe und Energie markiert werden.

Rot	Pflanzenreich	Instinkt
Orange	Tierreich	Schwere
Gelb	Wahres Menschenreich	Gefühl
Grün	Weisheitsreich	Intelligenz
Blau	Göttliche Welt	Intuition
Indigo	Seligkeitsreich	Gedächtnis

Die Farbfelder zeigen auch noch einen kosmischen Spiralkreislauf, in dem der Erdball im Tierreich platziert ist.

Die Sternfigur symbolisiert das kosmische Bewusstsein und markiert den Anfang des wahren Menschenreiches. In zirka 3.000 Jahren wird dieses Menschenreich eine Realität sein. Die letzten Reste unserer ererbten tierischen oder egoistischen Bewusstseinstendenzen werden damit ausgelebt sein.

Die folgenden überphysischen Existenzebenen zeigen noch höhere Welten, in denen das Leben in Weisheit und Liebe kulminiert.

Siehe hierzu auch die Erklärung von Symbol Nr. 11 im Buch „Das Ewige Weltbild“, Band 1

 Reg. 12

Symbol Nr. 12
Die Kombinationen der Grundenergien

Symbol Nr. 12

Die Kombinationen der Grundenergien

Das Symbol zeigt die sechs Daseinsebenen des Lebens und symbolisiert zugleich einen sich fortsetzenden kosmischen Kreislauf. In jeder Ebene gehen die sechs Grundenergien eine bestimmte Kombination im Bewusstsein des Lebewesens ein. Die verschiedenen Daseinsebenen werden dadurch gekennzeichnet, dass eine der Energien gerade kulminiert.

Die quadratischen Felder symbolisieren die sechs Daseinsebenen:

Pflanzenreich	rot
Tierreich	orange
Wahres Menschenreich	gelb
Weisheitsreich	grün
Göttliche Welt	blau
Seligkeitsreich	indigo

Die 6 senkrechten Figuren zeigen die Entfaltung der Grundenergien. Das geschieht durch eine ewige rhythmische Entfaltung vom latenten zum kulminierenden Zustand.

In jeder Daseinsebene kulminiert eine Grundenergie und eine ist latent. Zwei nehmen zu, und zwar im ersten und zweiten Stadium nach dem latenten Zustand, und zwei nehmen ab, und zwar im ersten und zweiten Stadium nach der Kulmination. Die skizzierten Grundenergiekombinationen sind das ewige Lebensfundament und die Grundlage für das Lebenserleben aller Lebewesen.

Siehe hierzu auch die Erklärung von Symbol Nr. 12 im Buch „Das Ewige Weltbild“, Band 1

Reg. 13

Symbol Nr. 13
Der ewige Weltplan

Symbol Nr. 13

Der ewige Weltplan

Das Symbol zeigt, dass alle Lebewesen unauflöslich an einen göttlichen Weltplan gebunden sind.

Im Zentrum des Symbols symbolisieren:

- das Dreieck den Ursprung des Weltalls – das göttliche Etwas,
- das Strahlenkreuz die Vollkommenheit des Weltplans und
- das violette Feld die Schöpfungsfähigkeit Gottes, X2.

In dem ringförmigen äußeren Teil des Symbols symbolisieren:

- die weißen Kreise lebende Wesen,
- die sechs in ihrer Größe variierenden Farbfelder die verschiedenen Daseinsebenen eines Spiralkreislaufs und
- die äußeren in Schwarz und Weiß variierenden Felder den Bereich der Finsternis bzw. des Lichts in einem Spiralkreislauf.

Die sechs rhombenförmigen Flächen, die mit den violetten Feldern verbunden sind, symbolisieren den kulminierenden Ganzheitsorganismus des lebenden Wesens in den jeweiligen Daseinsebenen. Insbesondere symbolisieren bei jedem Ganzheitsorganismus:

- die farbigen linsenförmigen Felder die sechs Grundenergieorgane oder Körper des Lebewesens,
- die Verknüpfung an der inneren und äußeren Spitze mit der violetten Farbe, dass der Ganzheitsorganismus mit Gottes Schöpfungsfähigkeit wie auch mit der eigenen Schöpfungsfähigkeit des Wesens verbunden ist,
- die gestrichelten Linien sowie die Größenvariation der einzelnen Grundenergieorgane, dass die Kapazität der einzelnen Grundenergieorgane gemäß dem Entwicklungsstand des Lebewesens in der Daseinsebene variiert.
- Folgende Grundenergieorgane oder Körper kulminieren in den folgenden Daseinsebenen eines Spiralkreislaufs:

- Instinktkörper	Pflanzenreich (rot)
- Schwerekörper	Tierreich (orange)
- Gefühlskörper	Wahres Menschenreich (gelb)
- Intelligenzkörper	Weisheitsreich (grün)
- Intuitionskörper	Göttliche Welt (blau)
- Gedächtniskörper	Seligkeitsreich / Mineralreich (indigo).

Siehe hierzu auch die Erklärung von Symbol Nr. 13 im Buch „Das Ewige Weltbild“, Band 1

 Reg. 14

Symbol Nr. 14
Die Kosmischen Spiralkreisläufe I

Symbol Nr. 14

Der kosmische Spiralkreislauf

Das Symbol zeigt sieben kosmische Spiralkreisläufe. Innerhalb jedes Kreislaufs werden die sechs Daseinsebenen und alle Kontraste des Lebens erlebt. Auf diese Weise wird die Grundlage für eine ewige Lebenserneuerung für alle Lebewesen gebildet.

Die farbigen Felder symbolisieren die sechs Daseinsebenen.

Spiralkreislauf A Atom-/Stoffspirale
Spiralkreislauf B Zellspirale
Spiralkreislauf C Organspirale
Spiralkreislauf D Unsere eigene Spirale *)
Spiralkreislauf E Planetenspirale
Spiralkreislauf F Sonnensystemspirale
Spiralkreislauf G Milchstraßenspirale

*) Das weiße Feld symbolisiert den Bereich, den wir normalerweise als lebendig wahrnehmen

Die Spiralkreisläufe sind im Mikrokosmos wie auch im Makrokosmos unendlich und bilden eine vollkommene organische Zusammenarbeit zwischen allen Lebewesen des Universums.

Siehe hierzu auch die Erklärung von Symbol Nr. 14 im Buch „Das Ewige Weltbild“, Band 1

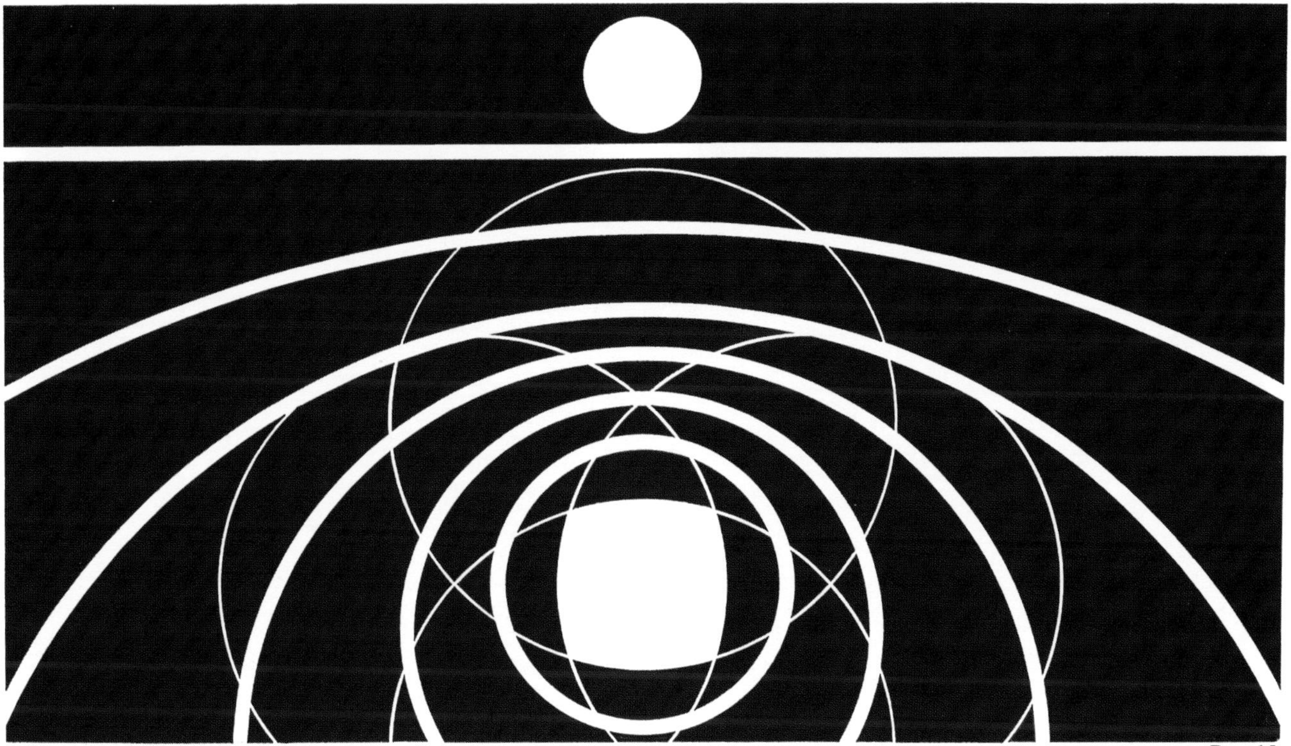

 Reg. 15

Symbol Nr. 15
Das Gesetz der Bewegung

Symbol Nr. 15

Das Gesetz der Bewegung

Das Symbol zeigt, dass jegliche Energie oder Bewegung in Kreisläufen verläuft.

Die kreisförmige weiße Figur oben symbolisiert die Kugelform, die die kosmische Grundbalance aller Bewegungen ist.

Die oberste weiße Linie zeigt die so genannte „Gerade". Kosmisch gesehen existiert keine „Gerade", hier ist sie ein Stück eines Kreises von 40 Meter Durchmesser.

Die anderen weißen Linien stellen ebenfalls Kreise dar, aber hier sind die Kreise so klein und die Beugung oder Krümmung ist so deutlich, dass sie mit dem physischen Auge zu sehen ist.

Jeder beliebige Kreis hat also einen Bereich, in dem die Beugung so mikroskopisch klein ist, da man sie mit dem physischen Sehen nicht erkennen kann. Die weißen Kreise zeigen also, wie die Beugung abnimmt, wenn die Größe der Kreise zunimmt.

Das Quadrat ist ebenfalls bis zu einem gewissen Grad eine Illusion, weil auch alle geraden Flächen Krümmungen beinhalten, mögen sie auch noch so mikroskopisch klein sein. Das Quadrat ist kosmisch gesehen die Kugelform.

Die dünnen weißen Striche symbolisieren, dass sich alle Bewegungen im Universums, d.h. alle existierenden Formen von Materie oder Stoff, auf Kreisbahnen befinden.

Wenn die Energien nicht in Kreisläufen gebunden wären, gäbe es weder Lebenserleben noch Schicksal, weder Bewusstsein noch Organismen, weder Planeten noch Sonnen oder Milchstraßen.

Siehe hierzu auch die Erklärung von Symbol Nr. 15 im Buch „Das Ewige Weltbild", Band 1

 Reg. 16

Symbol Nr. 16
Der Ewigkeitskörper

Symbol Nr. 16

Der Ewigkeitskörper

Das Symbol als Ganzes zeigt das Lebewesen.

Das weiße Dreieck in der Mitte symbolisiert das Ich dieses Wesens, das der feste Punkt in den ausgesandten und zurückkehrenden Bewegungen ist.

Das weiße Flammenkreuz soll darstellen, dass der Ewigkeitskörper der Lebewesen zu jeder Zeit absolut vollkommen ist. Er ist als Ganzes ewig in Balance. Jegliches Über- oder Untergewicht kann nur als lokale Erscheinung im Ewigkeitskörper vorkommen.

All die vielen violetten Kreisbahnen oder Kreisläufe, die vom Ich ausgehen und zu ihm zurückkehren, symbolisieren die verschiedenen Bewegungsarten, die die erschaffenen Organe, Körper und Manifestationen des Lebewesens und sein Lebenserleben darstellen.

Der größte Kreislauf, den ein Wesen innerhalb eines physischen Erdenlebens erleben kann, ist das Erleben eben dieses Erdenlebens. Das ist an sich eine Bewegungsauslösung, die vom Ich ausgeht und zum Ich zurückkehrt.

Auf dem Symbol werden die Kreisläufe in vier Größen dargestellt. Dies soll nur symbolisieren, dass die Kreisläufe in unterschiedlichen Größen auftreten. Es gibt Kreisläufe, die mikroskopisch klein sind, und Kreisläufe, die sich über Millionen und Abermillionen von Jahren erstrecken.

Siehe hierzu auch die Erklärung von Symbol Nr. 16 im Buch „Das Ewige Weltbild“, Band 1

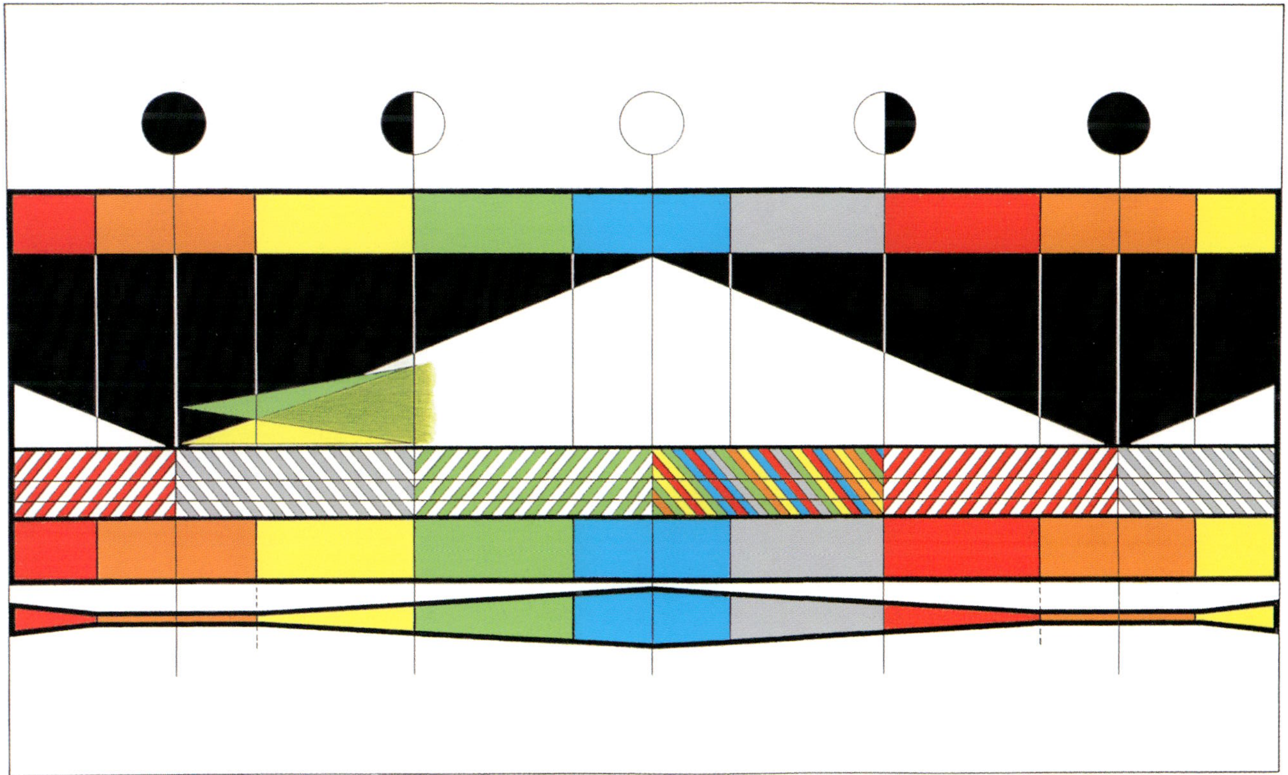

Reg. 17

Symbol Nr. 17
Reinkarnation, Kreislauf und Jahreszeiten

Symbol Nr. 17

Reinkarnation, Kreislauf und Jahreszeiten

Dieses Symbol verdeutlicht das Kreislaufprinzip mit seinen vier verschiedenen Unterprinzipien, angewandt auf unterschiedliche Lebensbereiche wie Jahreszeiten, Tageszeit, Lebenszeit und Spiralkreislauf.

Die fünf Kreise im oberen Teil des Symbols bezeichnen das, was wir im Jahreskreislauf als Sonnenwende bzw. als Tag- und Nachtgleiche kennen. Von links nach rechts entspricht der vollschwarze Kreis der Wintersonnenwende, der schwarz-weiße Kreis der Tag- und Nachtgleiche im Frühjahr, der weiße Kreis der Sommersonnenwende und der weiß-schwarze Kreis der Tag- und Nachtgleiche am Ende des Jahres.

Die vielfarbigen schraffierten Felder unterhalb des breiten weiß-schwarz-farbigen Feldes bezeichnen von links nach rechts betrachtet folgende Unterprinzipien des Kreislaufs: Herbst (rot schraffiert), Winter (grau schraffiert), Frühjahr (grün schraffiert), Sommer (vielfarbig schraffiert).
Es gilt folgende Zuordnung bezüglich des Tages- und Lebenskreislaufs:

- Winter: Mitternacht Kindheit
- Frühjahr: Vormittag Jugend
- Sommer: Mittag Mannesalter
- Herbst: Nachmittag Alter

Die unterhalb der Kreise und unterhalb der Jahreszeitmarkierungen gezeigten Felder verdeutlichen die Zuordnung der verschiedenen Daseinsebenen eines Spiralkreislaufs zu den vier Unterprinzipien des Kreislaufprinzips:

- Winter: Letzte Hälfte des Tierreichs und wahres Menschenreich
- Frühjahr: Weisheitsreich und erste Hälfte der göttlichen Welt
- Sommer: Zweite Hälfte der göttlichen Welt und Seligkeitsreich
- Herbst: Pflanzenreich und erste Hälfte des Tierreichs.

Die zwei kegelförmigen, sich überlappenden waagerechten Flächen bezeichnen die zunehmende Harmonisierung zwischen Gefühl und Intelligenz zum vollendeten intellektualisierten Gefühl.

Die zwei dünnen waagerechten Doppelstriche in den schraffierten Farbflächen sollen symbolisieren, dass die Unterprinzipien des Kreislaufs sowohl für Mikrokosmos wie auch für Zwischenkosmos und Makrokosmos gelten.

Siehe hierzu auch die Erklärung von Symbol Nr. 17 im Buch „Das Ewige Weltbild“, Band 2

Reg. 18

Symbol Nr. 18
Die Schicksalsbogen des Lebewesens

Symbol Nr. 18

Die Schicksalsbogen des Lebewesens

Das Symbol verdeutlicht, dass die vom Wesen durch sein Verhalten ausgelösten Energien wieder auf es einwirken werden, sei es im jetzigen oder in einem späteren Leben.

Das weiße Dreieck mit dem Sternkreuz symbolisiert ein Lebewesen.

Die von den zwei senkrechten weißen Linien eingerahmten violetten und orangen Felder bezeichnen das jetzige Erdenleben des Wesens, wobei die violette Farbe seine kosmische Struktur bezeichnet und die orange Farbe seine physische.

Das große gelbe Feld in der unteren linken Symbolhälfte bezeichnet die Vergangenheit des Wesens, die große grüne Fläche seine Zukunft.

Die von den zwei weißen waagerechten Linien eingegrenzten veränderlichen orangen Farbfelder symbolisieren die aufeinander folgenden Erdenleben des Wesens.

Die rechteckigen weißen Felder zwischen den orangen Feldern bezeichnen die geistigen Leben des Wesens zwischen seinen Erdenleben.

Die vom Dreieck und dem Kreuz ausgehenden schrägen orangen und weißen Linienzüge bezeichnen die Verbindung des Wesens mit seinen physischen Leben bzw. den dazwischen liegenden geistigen Leben.

Die violetten Bogen im oberen Symbolteil sind Schicksalsbogen. Sie werden von den eigenen täglichen Handlungen oder dem Verhalten des Wesens ausgelöst und kehren im gleichen oder in einem späteren Erdenleben wieder zum Wesen zurück.

Siehe hierzu auch die Erklärung von Symbol Nr. 18 im Buch „Das Ewige Weltbild", Band 2

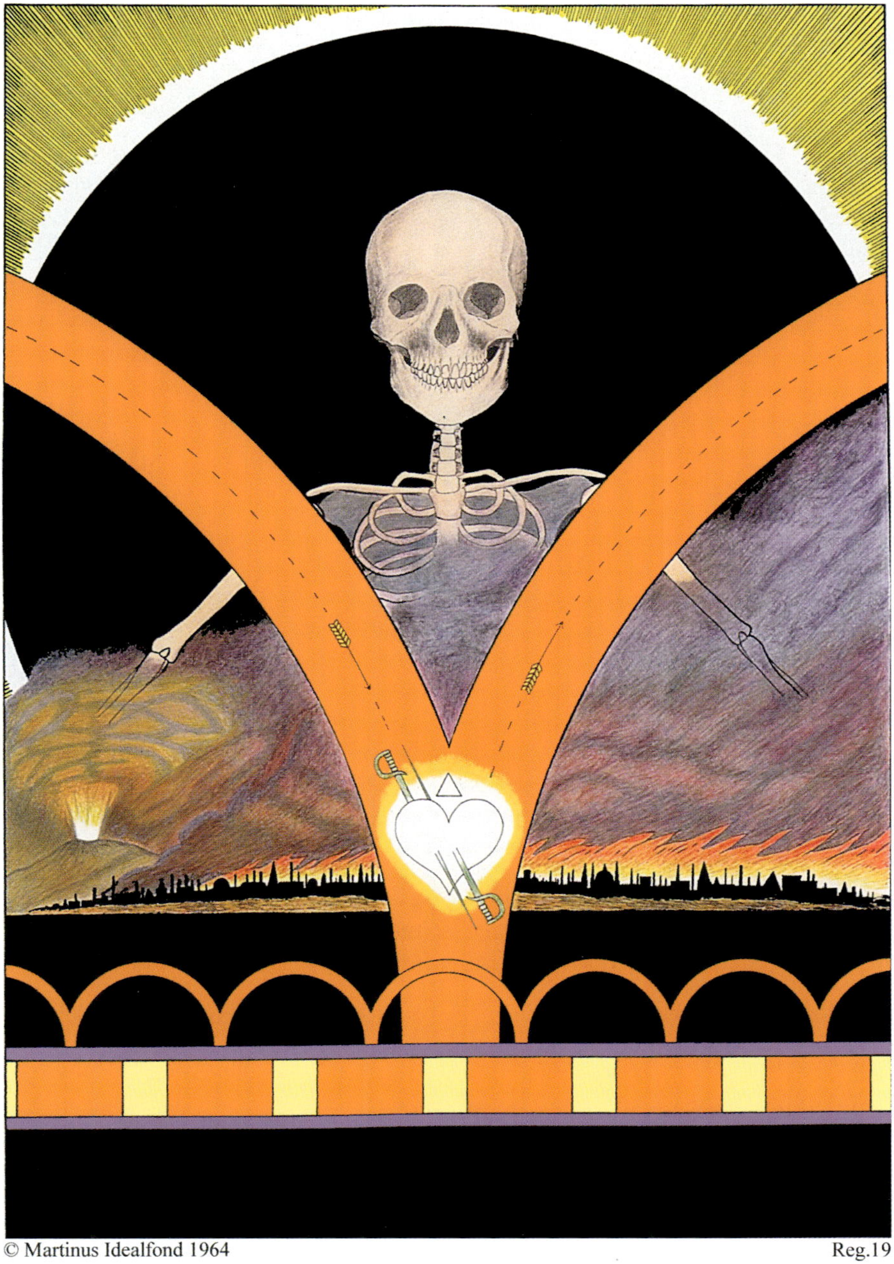

© Martinus Idealfond 1964

Reg.19

Symbol Nr. 19
Durch die Finsternis der Einweihung (Die Hölle oder Götterdämmerung)

Symbol Nr. 19

Durch die Finsternis der Einweihung (Die Hölle oder Götterdämmerung)

Das Symbol 19 symbolisiert die Kulmination der Finsternis, in der das tötende Prinzip die Hauptrolle spielt. Dieses Prinzip ist im Tierreich eine Lebensbedingung, für den Erdenmenschen aber nicht mehr.

Die hellgelben Rechtecke zwischen den beiden violetten Linien unten symbolisieren das geistige Dasein des Wesens, während die orangen Felder seine physischen Leben darstellen.

Das kleine Dreieck bei der Herzfigur zeigt das Lebewesen. Die Herzfigur auf dem Symbol soll den Organismus des Lebewesens darstellen. Das Herz und das Dreieck zusammen sind also ein Lebewesen.

Die beiden Säbel drücken das tötende Prinzip aus.

Der große orange Bogen von der linken Seite ist ein vom Wesen selbst ausgesandter und nun zurückkehrender dunkler Schicksalsbogen, den es durch ein anderes Wesen empfängt.

Der große orange Bogen auf der rechten Seite zeigt, dass die Begegnung der Wesen Unfrieden und Kampf auslöste, was die beiden Säbel verdeutlichen. Das Wesen hat dem Medium oder dem Wesen, das die Wirkungen seines dunklen Schicksalsbogens ausgelöst hat, nicht vergeben. Damit hat das Wesen einen neuen dunklen Schicksalsbogen ausgelöst, der wieder zu ihm zurückkehren wird.

Die Stadt bedeutet die Kultur der Menschheit. Die Häuser, Kuppeln und Türme sollen die vielen göttlichen technischen Errungenschaften symbolisieren, die die moderne Wissenschaft den Menschen geschenkt hat.

Das Flammenmeer symbolisiert Krieg, Revolution und Aufruhr.

Der Totenkopf ist Symbol für den Glauben des Materialismus, dass der Tod die totale Auflösung des Lebewesens bedeutetet.

Das Strahlenkreuz hinter dem Todeshimmel des Materialismus symbolisiert die höchsten geistigen Welten.

Siehe hierzu auch die Erklärung von Symbol Nr. 19 im Buch „Das Ewige Weltbild“, Band 2

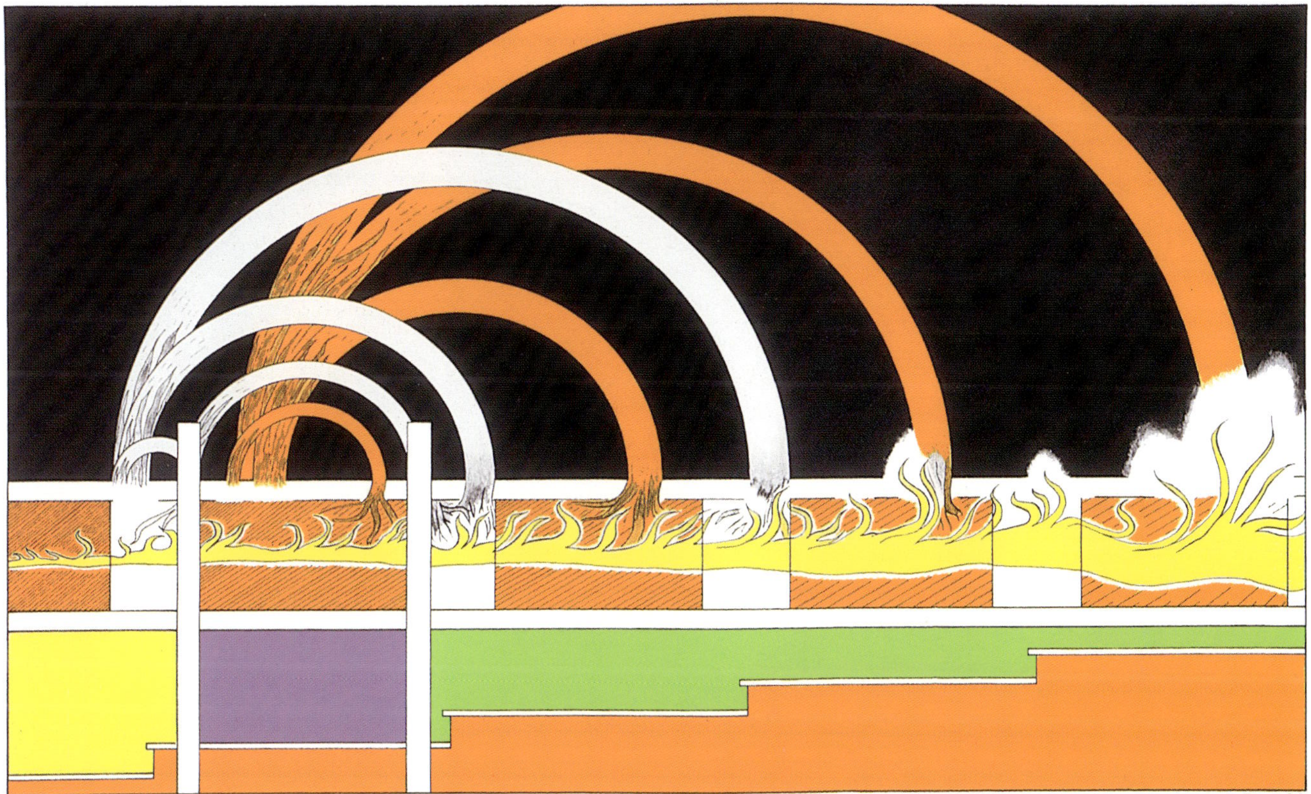

Reg. 20

Symbol Nr. 20
Die Vergebung der Sünden

Symbol Nr. 20

Die Vergebung der Sünden

Symbol Nr. 20 symbolisiert die Entwicklung der Humanität und die dadurch bedingte Befreiung von zurückkehrendem unbehaglichem Karma oder Schicksal. Diese Befreiung vom dunklen Karma ist die eigentliche „Vergebung der Sünden".

Das von den zwei senkrechten weißen Linien eingerahmte Feld symbolisiert das jetzige Erdenleben des Wesens und das violette Feld dazwischen soll an sein Oberbewusstsein erinnern und an sein daraus resultierendes ewiges Leben.

Das linke gelbe Feld stellt seine Vorzeit dar, während das rechte grüne Feld seine Zukunft darstellt.

Die orangefarbene Treppenformation am unteren Rand des Symbols symbolisiert, dass die Erdenleben des Wesens einer Entwicklung unterworfen sind.

So wie auch in Symbol Nr. 18 symbolisieren die von den zwei weißen waagerechten Linien eingegrenzten veränderlichen orangen Farbfelder die aufeinander folgenden Erdenleben des Wesens.

Die rechteckigen weißen Felder zwischen den orangen Feldern bezeichnen die geistigen Leben des Wesens zwischen seinen Erdenleben.

Die weißen Bogen sind kosmische Schicksalsbogen der geistigen Welt.

Die vier orangen Bogen sind Schicksalsbogen, die von den Handlungen im jetzigen Leben ausgehen. Einer davon kommt im jetzigen Leben zurück, die anderen in späteren.

Der sich von links nach rechts vergrößernde gelbe Flammenzug symbolisiert das humane Wachsen des Wesens, das heißt seine zunehmende Nächstenliebe.

Wie das Symbol bei den in den späteren Leben zurückkehrenden unangenehmen Schicksalsbogen zeigt, haben diese umso weniger Einwirkung, je größer die Humanität oder die Nächstenliebe des Wesens ist. Das ist das eigentliche Prinzip der Vergebung der Sünden.

Siehe hierzu auch die Erklärung von Symbol Nr. 20 im Buch „Das Ewige Weltbild", Band 2

Reg. 21

Symbol Nr. 21
Die ewige kosmische organische Verbindung zwischen Gott und dem Gottessohn I

Symbol Nr. 21

Die ewige kosmische organische Verbindung zwischen Gott und dem Gottessohn I

Dieses Symbol zeigt, wie das Lebewesen und die Gottheit ewig miteinander verbunden sind.

Das Symbol ist in drei Bereiche aufgeteilt.
In dem großen Kreis auf der rechten Seite des Symbols symbolisieren:

- die Farbkombinationen im Inneren der schwarzen kantigen Zwischenfläche ein lebendes Wesen, wobei:
  - das weiße zentrale Feld das Ich des Wesens symbolisiert,
  - der violette zackige Stern die Mutterenergie,
  - die bunten kleinen Dreiecke zwischen den Sternzacken und dem dünnen Kreisring die ewigen Grundenergiekörper des Wesens und
  - die Farbfelder außerhalb des dünnen Kreises die erschaffenen Grundenergiekörper des Wesens.
- Die Felder außerhalb der schwarzen kantigen Zwischenfläche, aber innerhalb des großen Kreises symbolisieren die Gottheit oder das Weltall, wobei:
  - der äußerste weiße Ring das Ich der Gottheit symbolisiert,
  - die violette Farbfläche die Mutterenergie der Gottheit,
  - die vielen kleinen voneinander abgeteilten farbigen Flächen die Grundenergiekörper
  - die zwischen den Zacken der Mutterenergie liegenden Teile den ewigen Teil des Grundenergiekörpers ausmachen.
- Die schwarze kantige Zwischenfläche symbolisiert, dass der Abstand zwischen der Gottheit und dem Wesen immer gleich und unabhängig von der jeweiligen Entwicklungsstellung des Wesens ist.

In der oberen linken Ecke des Symbols sind vier Figuren gezeichnet, die vier verschiedene Stadien der Verbindung zwischen der Gottheit und dem Wesen während eines Spiralkreislaufs symbolisieren. Die Strahlen in diesen Figuren symbolisieren die Qualität und das Entwicklungsstadium der Verbindung. Von links nach rechts werden folgende Verbindungen symbolisiert:

- Primitiver Naturmensch mit Gespür für die geistige Welt,
- gläubiger Mensch getragen vom religiösen Prinzip,
- Materialist, die geistige Welt verneinend, und
- kosmisch bewusster Mensch als Ebenbild Gottes.

In der unteren linken Ecke des Symbols werden verschiedenen Mechanismen der Kommunikation zwischen einem physischen Wesen und der Gottheit verdeutlicht. Das Wesen ist in verschiedenen Situationen in der unteren Reihe durch Dreiecke in Orange repräsentiert und die Gottheit in den oberen zwei Reihen durch geistige Wesen, die als Dreiecke in gelber Farbe dargestellt sind.

Siehe hierzu auch die Erklärung von Symbol Nr. 21 im Buch „Das Ewige Weltbild“, Band 2

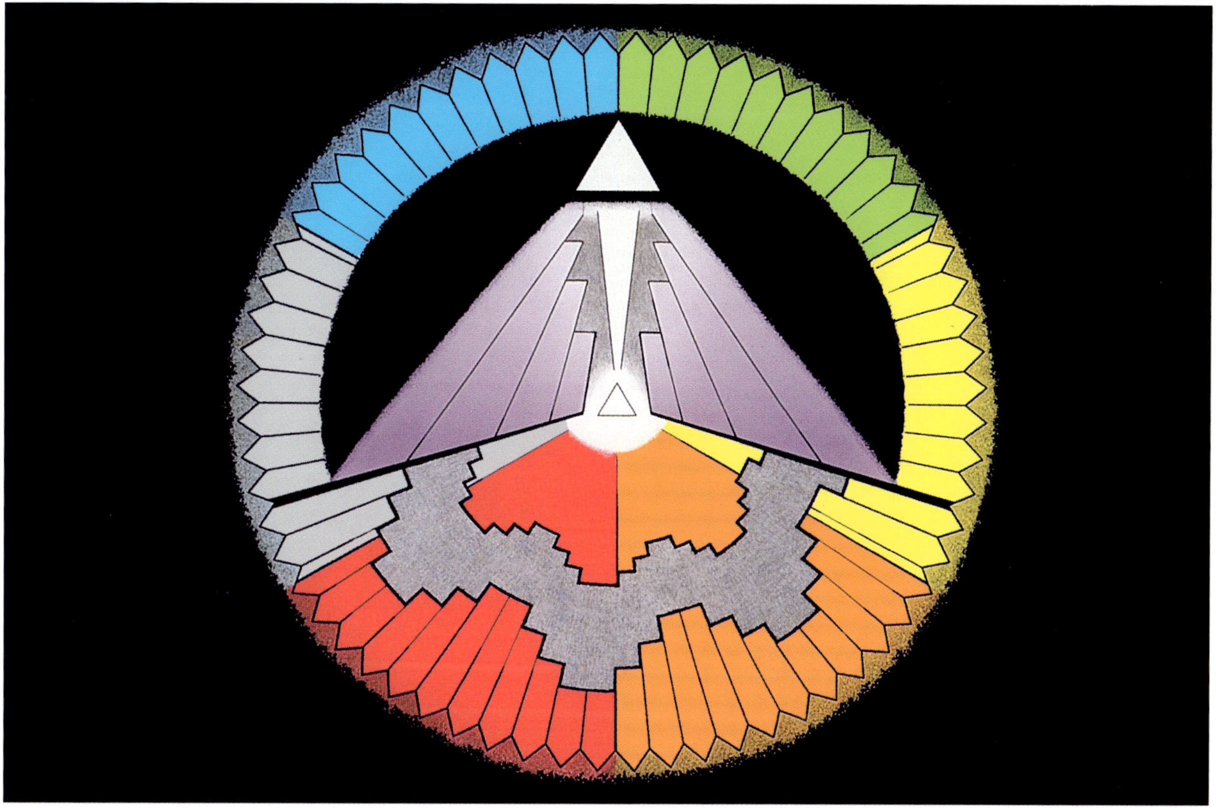

Reg. 22

Symbol Nr. 22

Die ewige kosmische organische Verbindung zwischen Gott und dem Gottessohn II

Symbol Nr. 22

Die ewige kosmische organische Verbindung zwischen Gott und dem Gottessohn II

Das Symbol zeigt die kosmische Verbindung des einzelnen Lebewesens mit der Gottheit.

Die pyramidenförmige Figur in Weiß und Violett symbolisiert die organische Struktur dieser kosmischen Verbindung. Diese Struktur existiert zwischen allen Lebewesen und der Gottheit. Die Verbindung wird durch den Begriff Gott und Gottessohn zum Ausdruck gebracht.

Die dreieckige Figur in der Mitte des Symbols zeigt das Ich des Gottessohnes. Die hieran gebundenen Farbfelder symbolisieren die Grundenergiekörper des Gottessohnes.

Die beiden dunklen Querstreifen teilen das Symbol in zwei Teile. Der untere Teil stellt die physische Welt dar, während der obere die geistige Welt darstellt.
Das Bewusstsein oder Wissen des materialistischen oder gottlosen Gottessohnes umfasst nur den unteren Teil. Die physische Welt besteht aus dem Mineral- (indigo), Pflanzen- (rot), Tier- (orange) und zu einem kleinen Teil aus dem wahren Menschenreich (gelb).

Von den kurzen Strahlenfiguren im Tierreich bis zu den gelben Strahlenfiguren erstreckt sich der Bereich der unfertigen Erdenmenschen.

Die halb orange, halb gelbe Figur symbolisiert die human entwickelten Menschen. Sie haben das Wesentliche in der Kulmination der Finsternis durchlaufen und fangen an zu verstehen, dass die Lösung des Lebensmysteriums nicht auf der physischen Ebene existiert. Ihre kosmische organische Verbindung zu Gott beginnt sich wieder zu regen, und sie entdecken die Kraft des Gebets. Sie werden allmählich empfänglich werden für die großen Analysen des Lebens und werden kosmische Erleuchtungsblitze erleben.

Siehe hierzu auch die Erklärung von Symbol Nr. 22 im Buch „Das Ewige Weltbild“, Band 2

 Reg. 23

Symbol Nr. 23
Der wahre Mensch als Abbild Gottes, ihm gleichend

Symbol Nr. 23

Der wahre Mensch als Abbild Gottes, ihm gleichend

Das Symbol zeigt die Wesensart des fertig entwickelten Menschen. Diese Wesensart basiert auf der Harmonie zwischen Intelligenz, Gefühl und Intuition und kommt als Sympathie für alles Lebende zum Ausdruck. Jegliches dunkle Schicksal wird von dem selbst erlebten Wissen ausgehend entgegengenommen, dass man selbst die Ursache seines eigenen Schicksals ist.

Die hellgelben Rechtecke zwischen den beiden violetten Linien unten symbolisieren das geistige Dasein des Wesens, während die orangen Felder sein physische Leben darstellen.

Das kleine Dreieck bei der Herzfigur zeigt das Lebewesen. Die Herzfigur symbolisiert seine vollkommene Liebesfähigkeit und die Hände seine vollkommene Fähigkeit, zu vergeben.

Der große orange Bogen ist ein vom Wesen selbst ausgesandter und nun zurückkehrender dunkler Schicksalsbogen.

Der große gelbe Bogen zeigt, dass das Wesen das dunkle Schicksal positiv entgegennimmt und damit einen hellen Schicksalsbogen aussendet. Diese vollkommene Art und Weise, sein dunkles Schicksal entgegenzunehmen, führt das Wesen aus dem Tierreich heraus und hinein in das wahre Menschenreich, wo es kosmisches Bewusstsein erlebt.

Die Veränderung der Farbe von Orange zu Gelb in der untersten Figur zeigt die Schicksalsveränderung des Wesens vorwärts zum befreiten Zustand der Liebe.

Das große Dreieck mit seiner Strahlenflut symbolisiert die Gottheit. Die Strahlenglorie ist deren allumfassendes primäres Bewusstsein. Die farbigen Felder in der Strahlenglorie zeigen die Daseinsebenen.

Das Christus ähnelnde Wesen zeigt den fertig entwickelten Menschen.

Das Wolkengebiet, das dunkles Schicksal symbolisiert, wird durch die humane Entwicklung der Menschheit aufgelöst.

Siehe hierzu auch die Erklärung von Symbol Nr. 23 im Buch „Das Ewige Weltbild“, Band 2

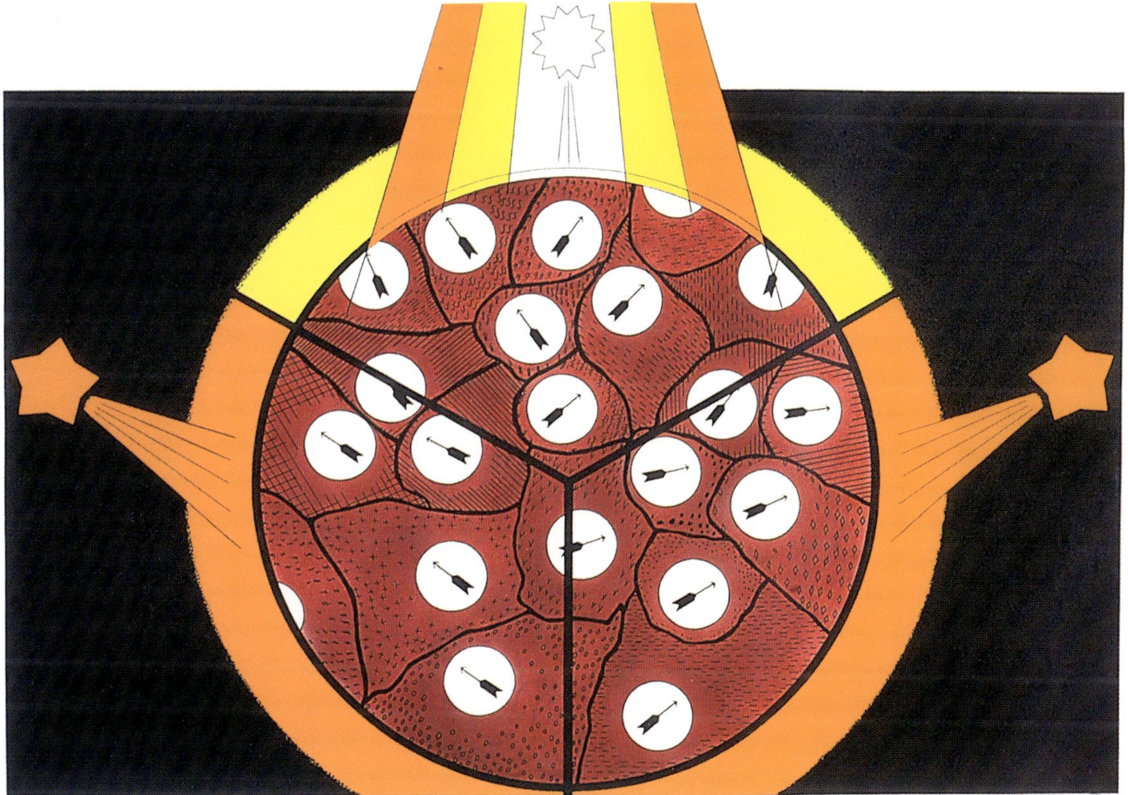

Reg. 24

Symbol Nr. 24
Das unfertige Menschenreich

Symbol Nr. 24

Das unfertige Menschenreich

In seiner Ganzheit symbolisiert das Symbol die Erde mit ihren Staaten, ihren Regierungen, deren unfertigen oder tierischen mentalen Zustand, deren religiösen oder kulturellen Zustand.

Das Symbol ist in drei Teile unterteilt.

Im äußeren Feld des Symbols sind die zwei Kreisbogen der unteren Drittel in oranger Farbe gezeichnet. Dies bedeutet, dass hier die Schwereenergie die beherrschende mentale Energie ist.

Im Inneren des Kreises sind verschiedene Gebiete gezeichnet, sie symbolisieren die Staaten der Erde.

Die runden weißen Felder bezeichnen die Staatsregierungen.

Die Pfeile bezeichnen die Ausrichtung oder Einstellungen der Staaten. In den unteren zwei Dritteln zeigen die Pfeile jeweils auf zwei entgegengesetzte orange Sterne, die das tötende Prinzip symbolisieren.

Im oberen Drittel zeigen die Pfeile nicht zum tötenden Prinzip, sondern auf wirklichen Idealismus und Humanität.

Im oberen Teil des Symbols symbolisieren die orangen strahlenförmigen Felder die primitiven und tötenden Religionen, die gelben Felder die humanen Religionen und das weiße Feld die beginnende Geisteswissenschaft. Gemeinsam symbolisieren sie die Welterlösung und der Stern das Welterlösungsprinzip.

Siehe hierzu auch die Erklärung von Symbol Nr. 24 im Buch „Das Ewige Weltbild", Band 2

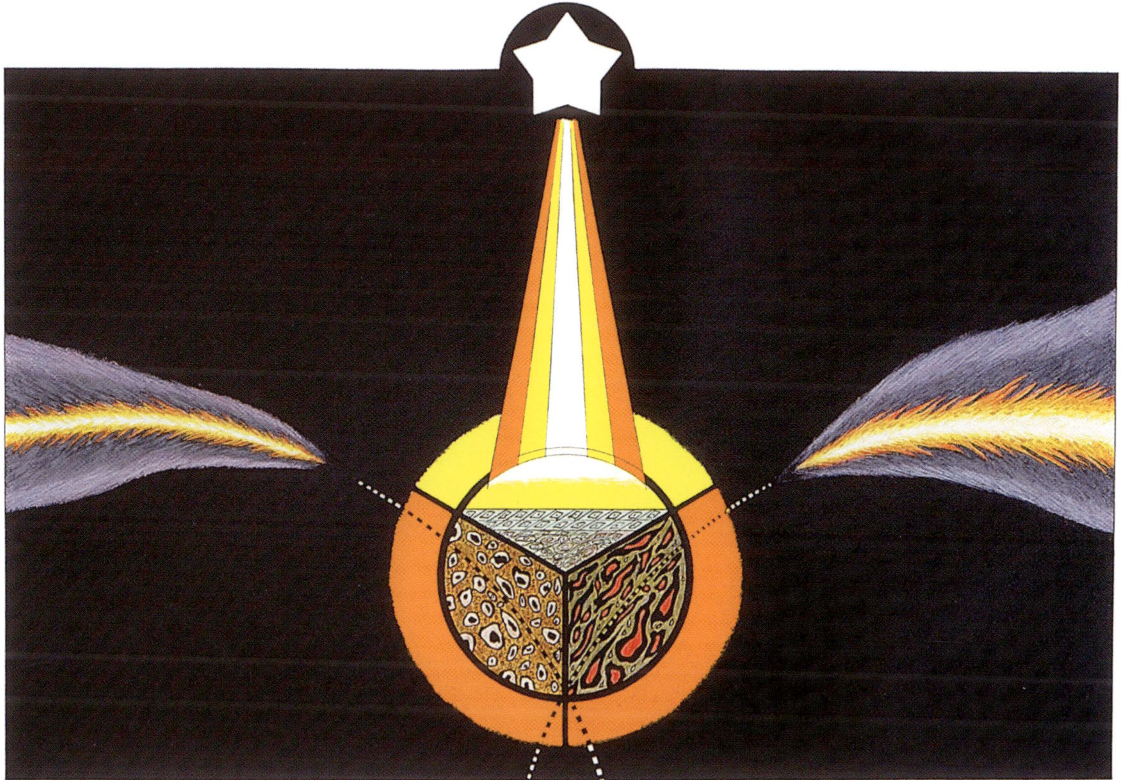

 Reg. 25

Symbol Nr. 25
Das Karma der Menschheit

Symbol Nr. 25

Das Karma der Menschheit

Dieses Symbol behandelt das gegenwärtige Schicksal der Erdenmenschen.

Der Stern oben im Symbol symbolisiert das Welterlösungsprinzip.

Die äußeren von oben nach unten verlaufenden orangen Felder im oberen Teil des Symbols bezeichnen die primitiven und tötenden Religionen, die gelben Felder die humanen Religionen und das weiße Feld die Geisteswissenschaft.

Die gelben Felder im oberen Drittel symbolisieren die Wirkungen des Christentums und anderer humaner Religionen auf die Erdenmenschheit.

Der blaue Teil im oberen Drittel bezeichnet die höchste humane Kultur und humane Gottesverehrung.

Der gelbe Rand des oberen Drittels symbolisiert die durch die humanen Religionen geförderte Nächstenliebe.

Der Flammenbogen, der von rechts in das dunkle untere rechte Drittel eindringt, symbolisiert schweres Karma, das sich in Form von Invalidität, Tortur, Verstümmelung, Zerstörung oder Ähnlichem zeigt.

Das linke untere und etwas hellere Drittel wird von einem zurückkehrenden Karmabogen getroffen, der schnellen Tod herbeiführt. Obwohl tödlich, ist diese Art von Karma als leichter zu bezeichnen als das ausgedehnte Leiden im anderen Drittel.

Siehe hierzu auch die Erklärung von Symbol Nr. 25 im Buch „Das Ewige Weltbild“, Band 2

Reg. 26

Symbol Nr. 26
Das zukünftige vollkommene Menschenreich

Symbol Nr. 26

Das zukünftige vollkommene Menschenreich

Das Symbol zeigt die zukünftigen gesellschaftlichen Verhältnisse der Menschheit. Die laufende Entwicklung bewegt sich in Richtung einer internationalen Welt, in der alle Nationen in einem vollkommenen Weltstaat vereinigt werden – ohne Unterdrückung, Ausbeutung und Krieg. Das Dasein ist eine Welt von Sympathie geworden.

Die gelbe Sonne in der Mitte symbolisiert die gemeinsame Regierung der Menschheit.

Die kreisförmigen weißen Felder mit dem schwarzen Pfeil zeigen die verschiedenen Nationen.

Die gelben und grünen Strahlen symbolisieren, dass die Staaten an eine Gemeinschaftsregierung gebunden sind und dass sie durch intellektualisiertes Gefühl oder Nächstenliebe regiert werden.

Der blaue Stern zeigt, dass die Weltregierung aus kosmisch bewussten Wesen besteht.

Das weiße Dreieck symbolisiert den ewigen Ursprung des Weltalls oder die Gottheit.

Die nach unten weisenden orangen und gelben Strahlen symbolisieren die dunklen bzw. humanen Glaubensreligionen.

Der weiße Strahl stellt die Lösung des Lebensmysteriums in Form von Wissenschaft dar, die die primäre Lebensauffassung im Weltstaat ist.

Siehe hierzu auch die Erklärung von Symbol Nr. 26 im Buch „Das Ewige Weltbild“, Band 2

 Reg. 27

Symbol Nr. 27
Der kosmische Strahlenglanz der Erde

Symbol Nr. 27

Der kosmische Strahlenglanz der Erde

Das Symbol symbolisiert die Erde und ihren Bewusstseinszustand. Dieser ist dargestellt durch den Strahlenglanz, so wie er von einem Wesen mit kosmischem Bewusstsein wahrgenommen werden kann.

Die weiße kreuzförmig ausstrahlende Strahlenglorie symbolisiert den bereits fertig entwickelten Teil im Bewusstseins der Erde und der Menschheit. Dazu gehört z.B. alles, was mit Frieden, Harmonie, selbstlosen Handlungen usw. zu tun hat, also alles, was später ein Leben in Sympathie und Nächstenliebe auf der Erde möglichen wird.

Das dunklere Strahlenfeld, das das innere weiße umgibt, symbolisiert das noch Unfertige im Bewusstsein der Erdenmenschen wie Hass, Wut, Egoismus, Verfolgung, Kriege, Feindseligkeiten, ungesunde Ernährungsweise wie Fleischessen, Alkohol, d.h. alles, was Unglück und schweres Schicksal zur Folge hat.

Der äußerste etwas hellere Teil der Ausstrahlung symbolisiert die allgemeine Erdatmosphäre, repräsentiert durch eine Mischung von Glaubensreligionen und materialistischen Gedankenklimaten.

Das treppenförmige graue Feld bezeichnet, dass die Erde – genauso wie alle anderen Lebewesen – verschiedene Entwicklungsstufen durchläuft.

Zwischen den zwei waagerechten violetten Feldern ist die Position der Erde im Verhältnis zur Kulmination des hellen und des dunklen Teils des Spiralkreislaufes gezeigt.

Der tropfenförmige hellere Teil in der grauen treppenförmigen Figur, der sich zwischen Stufe Nr. 6 (Mineralreich) und dem Anfang der Stufe Nr. 3 (wahres Menschenreich) erstreckt, bezeichnet den begrenzten Bewusstseinsbereich der noch nicht fertig entwickelten Menschheit.

Siehe hierzu auch die Erklärung von Symbol Nr. 27 im Buch „Das Ewige Weltbild", Band 3

Reg. 28

Symbol Nr. 28
Das ewige Leben oder die Lebensleiter

Symbol Nr. 28

Das Ewige Leben oder die Lebensleiter

Das Symbol symbolisiert das ewige Lebenserlebnis der Wesen in Form eines aufsteigenden Weges zu immer höheren Lebensformen.

Jede der großen violetten Stufen repräsentiert einen Spiralkreislauf, in dem das Wesen die Kulmination der Finsternis wie auch des Lichtes erlebt.

Die weiße Farbe auf den großen Stufen symbolisiert X1, was in diesem Fall für das „Ich“ des Weltalls steht.

Jede große Stufe (Spiralkreislauf) ist in sechs kleinere farbige Stufen (Daseinsebenen) unterteilt.

Rot	Instinktebene	Pflanzenreich
Orange	Schwereebene	Tierreich
Gelb	Gefühlsebene	Wahres Menschenreich
Grün	Intelligenzebene	Weisheitsreich
Blau	Intuitionsebene	Göttliche Welt
Violett	Erinnerungsebene	Seligkeitsreich

Die ersten zwei Ebenen sind die Ebenen der Finsternis, währen die letzten vier Ebenen die Ebenen des Lichtes sind. Die grundlegende Struktur in allen Stufen (Spiralkreisläufen) ist gleich, auch die Abfolge der Daseinsebenen, jedoch erlebt das Wesen sie in immer neuen Variationen.

Die kleinen Treppenstufen in einer Daseinsebene symbolisieren kleinere Kreisläufe, z.B. ein Erdenleben, Tages- oder Jahreskreisläufe.

Siehe hierzu auch die Erklärung von Symbol Nr. 28 im Buch „Das Ewige Weltbild“, Band 3

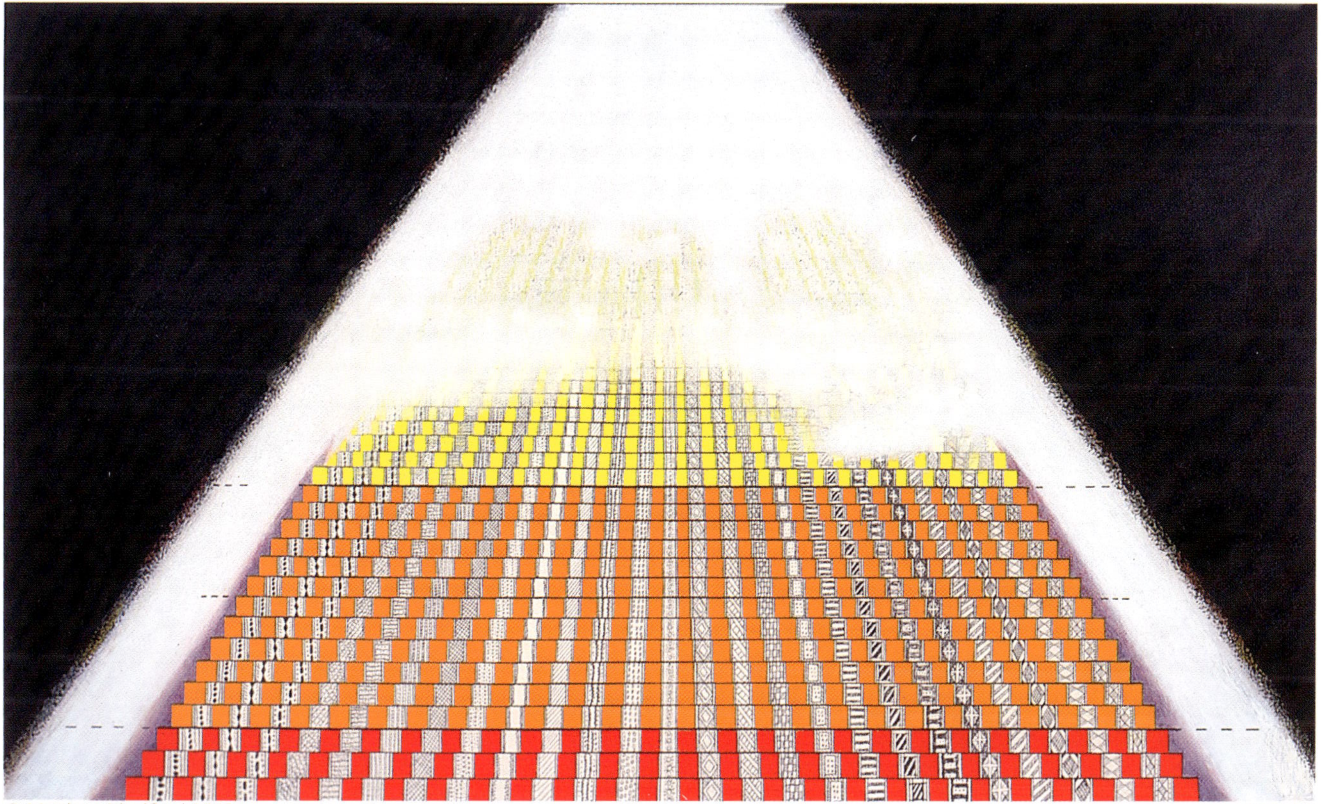

Reg. 29

Symbol Nr. 29
Kosmische Entwicklungsbahnen

Symbol Nr. 29

Kosmische Entwicklungsbahnen

Während in Symbol 28 die Struktur als eine von der Seite gesehene Treppe dargestellt ist, zeigt Symbol 29 die gleiche Struktur von oben gesehen. Aus dieser Sicht können viel kleinere Kreislaufabschnitte wie Erdenlebenskreisläufe und die verschiedenen Entwicklungsbahnen der Lebewesen dargestellt werden. Obwohl mit verschiedenen Organismen ausgestattet, führen alle kosmischen Entwicklungsbahnen alle Lebewesen der Vollendung entgegen, nämlich ein Ebenbild Gottes zu werden.

Der weiße nebelartige Rand um die Treppenformation symbolisiert X1.

Der schmale violette Rand der Treppenformation symbolisiert X2.

Die Farbfelder symbolisieren die Organismen aller lebenden Wesen, die ja zu dem Bereich des Erschaffenen gehören und die gemeinsam Gottes Organismus darstellen.

Die in verschiedenen Ausschmückungen gezeichneten Streifen oder Ketten auf der Treppenformation stellen die unterschiedlichen kosmischen Entwicklungsbahnen der Lebewesen da. Obwohl nur 25 Bahnen gezeichnet sind, gibt es im Weltall unendlich viele.

Die fünfte kosmische Entwicklungsbahn von rechts symbolisiert die der Erdenmenschen.

Der orange Abschnitt zwischen der obersten und der untersten gestrichelten Linie ist das Tierreich.

Der gelbe Abschnitt repräsentiert das wahre Menschenreich.

Siehe hierzu auch die Erklärung von Symbol Nr. 29 im Buch „Das Ewige Weltbild“, Band 3

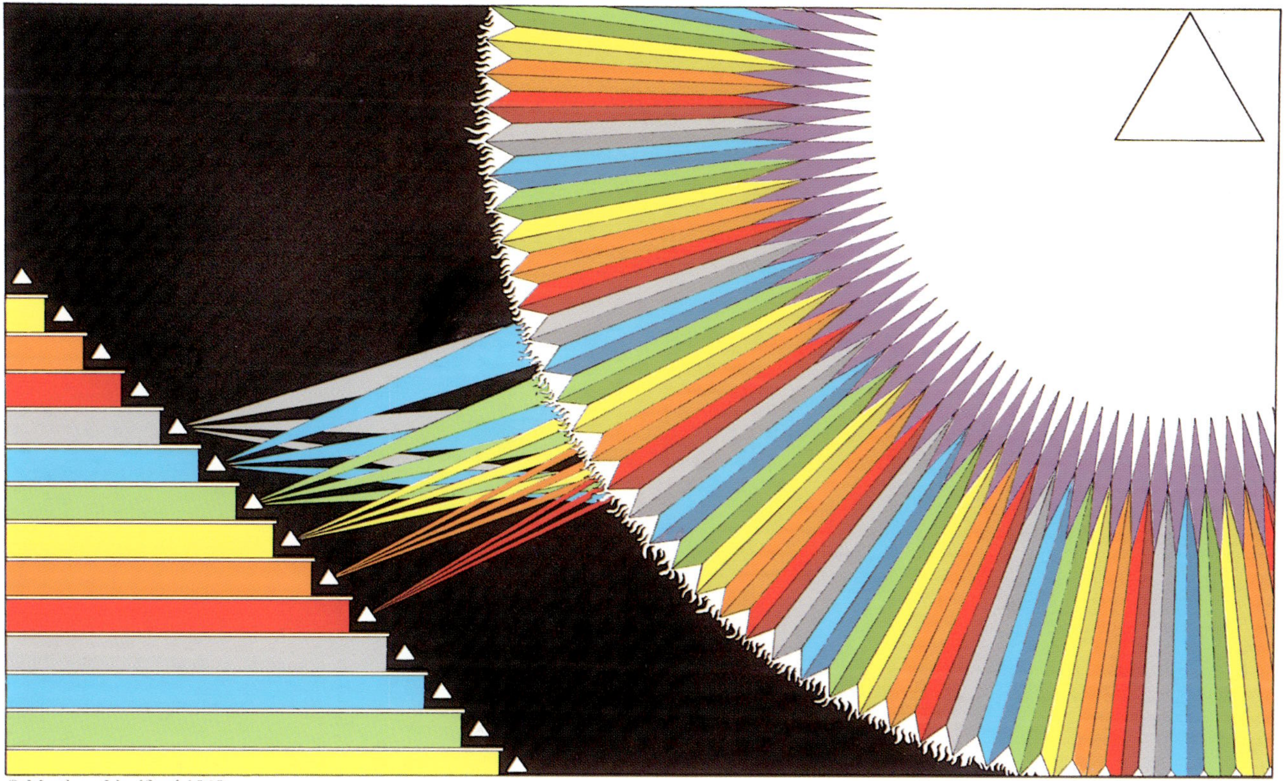

Reg. 30

Symbol Nr. 30
Die ewige Gottheit und die Wahrnehmungsbegabung der Wesen

Symbol Nr. 30

Die ewige Gottheit und die Wahrnehmungsbegabung der Wesen

In Symbol 30 ist die Wahrnehmungsbegabung der Gottheit und die Wahrnehmungsbegabung der Lebewesen dargestellt. Zitat: „Das Symbol zeigt also, dass das Ich der Gottheit aus den Ichs aller Lebewesen besteht und dass die Schöpfungsfähigkeit der Gottheit aus den Schöpfungsfähigkeiten aller Lebewesen besteht und dass der Organismus der Gottheit aus den Organismen aller Lebewesen besteht, sowohl aus den zwischenkosmischen als auch aus den mikrokosmischen und makrokosmischen. Das Weltall ist also der sichtbare Körper oder Organismus der Gottheit, durch den sich die unsichtbare Schöpfungsfähigkeit und das Ich der Gottheit dem kosmisch begabten Beobachter als eine Tatsache offenbaren.“

Die weiße strahlende Figur in der rechten oberen Ecke symbolisiert das Ich Gottes.

Die violetten Figuren symbolisieren X2 oder die Schöpfungsfähigkeiten der Lebewesen.

Die farbigen Figuren symbolisieren X3 aller existierenden Lebewesen.

Die Treppenfigur links im Symbol symbolisiert den ewigen Entwicklungsweg der Lebewesen. Jede Treppenstufe repräsentiert eine Daseinsebene mit der ihr entsprechenden Farbe.

Die Dreiecke an den treppenförmig gezeichneten Daseinsebenen repräsentieren das Ich der auf der jeweiligen Daseinsebene vorkommenden Lebewesen.

Die von den weißen Dreiecken ausgehenden Strahlen repräsentieren die Manifestations- und Erlebnisenergie der Wesen.

Siehe hierzu auch die Erklärung von Symbol Nr. 30 im Buch „Das Ewige Weltbild“, Band 3

 Reg. 31

Symbol Nr. 31
Die Wahrnehmungsfähigkeit und die Entwicklungsstufen des Lebewesens

Symbol Nr. 31

Die Wahrnehmungsfähigkeit und die Entwicklungsstufen des Lebewesens

Das Symbol verdeutlicht, dass alle Lebewesen, unabhängig vom Aussehen ihres Organismus kosmisch gesehen von gleicher Art sind und deshalb von ihrer wirklichen ewigen Identität beurteilt werden sollten. Jedes Wesen kann seine Umgebung nur von seiner speziellen Entwicklungsstufe aus sehen und verstehen.

Die linke Kegelfigur bezeichnet das Weltall mit allem, was vom Mikrokosmos bis zum Makrokosmos existiert.

Die rechte große Treppenformation symbolisiert den Entwicklungsweg, auf dem sich alle Wesen auf ihrer jeweils entsprechenden Stelle befinden.

Die Stufen auf der Treppenfigur symbolisieren die allgemeinen menschlichen Entwicklungsstufen.

Das Dreieck symbolisiert ein Lebewesen.

Der vom Dreieck ausgehende Lichtkegel bezeichnet die spezielle Manifestations- und Wahrnehmungsfähigkeit eines Lebewesens.

Siehe hierzu auch die Erklärung von Symbol Nr. 31 im Buch „Das Ewige Weltbild“, Band 3

Reg. 32

Symbol Nr. 32
Die zwölf Grundfazite oder die Lösung des Lebensmysteriums

Symbol Nr. 32

Die zwölf Grundfazite oder die Lösung des Lebensmysteriums

Das Symbol zeigt die Lösung des Lebensmysteriums. Die Sternform symbolisiert, dass die Lösung des Lebensmysteriums die Enthüllung eines alles überstrahlenden göttlichen Lichtes ist, das auf kulminierender Harmonie, Weisheit und Liebe basiert. Die Lösung des Lebensmysteriums wird zu einem mental leuchtenden und wärmenden Sonnenaufgang im Sinn und Gedanken jedes unfertigen Menschen, eine inspirierende und lebenspendende Empfindung der Nähe Gottes, eine Auferstehung vom Tod und vom Reich der Finsternis.

Das orange Feld um den Stern herum symbolisiert die Schwereenergie, das tötende Prinzip oder die Domäne der Finsternis.

Das grüne und gelbe Feld symbolisiert Intelligenz und Gefühl.

Auf dem Symbol bilden die beiden Bewusstseinsenergien eine Einheit, die mit intellektualisiertem Gefühl oder Liebe identisch ist.

Das gelb-grüne Feld ist das Licht und das orange Feld ist die Dunkelheit.

Die gelbe Farbe symbolisiert auch den femininen Pol und die grüne den maskulinen Pol. Der gelb-grüne Randbereich zeigt ein einpoliges maskulines Wesen.

Die Zentrumsfigur in der Mitte symbolisiert das doppelpolige Wesen. Die innerste gelb-grüne Figur ist der ordinäre Pol und die darum herum liegende gelb-grüne Figur ist der entgegengesetzte Pol.

Die zwölf Grundfazite in den Sternenfeldern:

- Nr. .1: Etwas, das ist
- Nr. 2: Ursache und Wirkung
- Nr. 3: Alle Schöpfungsprozesse sind im Schlussfazit zur Freude und zum Segen für alle Lebewesen
- Nr. 4: Hinter allen Schöpfungsprozessen der Natur oder des Universums gibt es Bewusstsein
- Nr. 5: Das Lebewesen
- Nr. 6: Das Ich und das Das
- Nr. 7: Das Ich oder etwas. Die ursachenlose Ursache
- Nr. 8: Das dreieinige Prinzip
- Nr. 9: Wesen in Wesen. Das Hauptprinzip im Körper der Gottheit
- Nr.10: Der kosmische Spiralkreislauf
- Nr.11: Karma oder Schicksalsgesetz
- Nr.12: Der Mensch wird eins mit Gott und wird eine leuchtende und wärmende Sonne für die Mitwesen

Siehe hierzu auch die Erklärung von Symbol Nr. 32 im Buch „Das Ewige Weltbild", Band 3

Reg. 33

Symbol Nr. 33
Die tierischen und menschlichen Gedankenklimas

Symbol Nr. 33

Die tierischen und menschlichen Gedankenklimate

Zur Orientierung bezüglich der verschiedenen Symbolbereiche und speziell für die im Symbol Nr. 33 angewandte Nummerierung [1] bis [34] siehe Symbol Nr. 33a in: „Das Ewige Weltbild", Band 3.

Mehrere violette waagerechte Linien teilen das Symbol in verschiedene Entwicklungsabschnitte, [21] bis [34]. Die Entwicklungsrichtung ist von unten nach oben.

Die Entwicklungsabschnitte [21] bis [24] bezeichnen das Tierreich in Reinkultur.

Das sich zwischen Entwicklungsabschnitt [25] und [30] vergrößernde gelbe Farbfeld an der linken Seite des Symbols bezeichnet die zunehmenden menschlichen Tendenzen in der Entwicklung.

Die starke violette waagerechte Linie zwischen den Entwicklungsabschnitten [30] und [31] bezeichnet den Übergang vom Tierreich zum wahren Menschenreich.

Die violetten kettenartigen Felder [1] und [2] an der rechten Symbolseite symbolisieren die unzähligen Inkarnationen der Lebewesen.

Das grün-gelbe Farbfeld [3], [5] und [7] mit der dominierenden grünen Farbe direkt neben der Inkarnationsverdeutlichung bezeichnet die Entwicklung des weiblichen und des männlichen Prinzips in einem männlichen Wesen.

Das gelb-grüne Farbfeld [4], [6] und [8] mit der dominierenden gelben Farbe bezeichnet die Entwicklung des weiblichen und männlichen Prinzips in einem weiblichen Wesen.

Die aufrecht stehenden doppelt kegelförmigen Figuren [9] bis [20] symbolisieren die Entfaltung der Gedankenklimate, Gedankenarten sowie deren Verkörperlichung oder Auswirkungen in den verschiedenen Entwicklungsabschnitten.

- [9] Erdenmenschlicher Organismus
- [10] Das tötende Prinzip
- [11] Gedankenarten, die Töten und Morden zur Folge haben
- [12] Gedankenklimate des Hochmuts und der Ehrsucht
- [13] Bereich der „Geburtswehen", verursacht durch die Polverwandlung
- [14] Entwicklung der Nächstenliebe
- [15] Kunst im Tierreich
- [16] Religiöses Prinzip
- [17] Hochpsychische Magie
- [18] Die Große Geburt
- [19] Der Heilige Geist / Die höchste Gedankenart
- [20] Materialisation und Dematerialisation.

Siehe hierzu auch die Erklärung von Symbol Nr. 33, 33a im Buch „Das Ewige Weltbild", Band 3

Reg. 34

Symbol Nr. 34
Der Paarungsakt oder Gottes Geist in der Finsternis

Symbol Nr. 34

Der Paarungsakt oder Gottes Geist in der Finsternis

Symbol Nr. 34 symbolisiert die großen gemeinsam wirkenden Prinzipien des Paarungsakts.

Die unteren zwei runde Figuren mit den breiten äußeren orangen Feldern bezeichnen zwei einpolige Wesen.

Die linke Figur bezeichnet ein männliches Wesen.

Die rechte Figur bezeichnet ein weibliches Wesen.

Das weiße Dreieck und das violette Feld im Inneren der zwei großen Kreise bezeichnen das Ich und das Oberbewusstsein der beiden Wesen.

Die zwei großen gelben, nach oben gerichtete Strahlen symbolisieren, dass sich die beiden Wesen im Paarungsakt befinden.

Die runde Figur oben symbolisiert ein diskarniertes Wesen, das sich im Gedächtnis- oder Seligkeitsreich befindet.

Das gelbgraue dreieckige Feld, welches das diskarnierte Wesen umgibt, symbolisiert die Mischatmosphäre aus der Aura des diskarnierten Wesens und der Paarungsaura der physischen Wesen.

Die strahlenförmige Kreuzfigur zwischen den Paarungswesen symbolisiert die Kulmination im Paarungsakt.

Die violetten fadenähnlichen Linien, die von der strahlenförmigen Kreuzfigur ausgehen und das diskarnierte sowie das weibliche Paarungswesen umschlingen, symbolisieren die Beseelung des Embryomaterials im Mutterleib.

Siehe hierzu auch die Erklärung von Symbol Nr. 34 im Buch „Das Ewige Weltbild“, Band 4

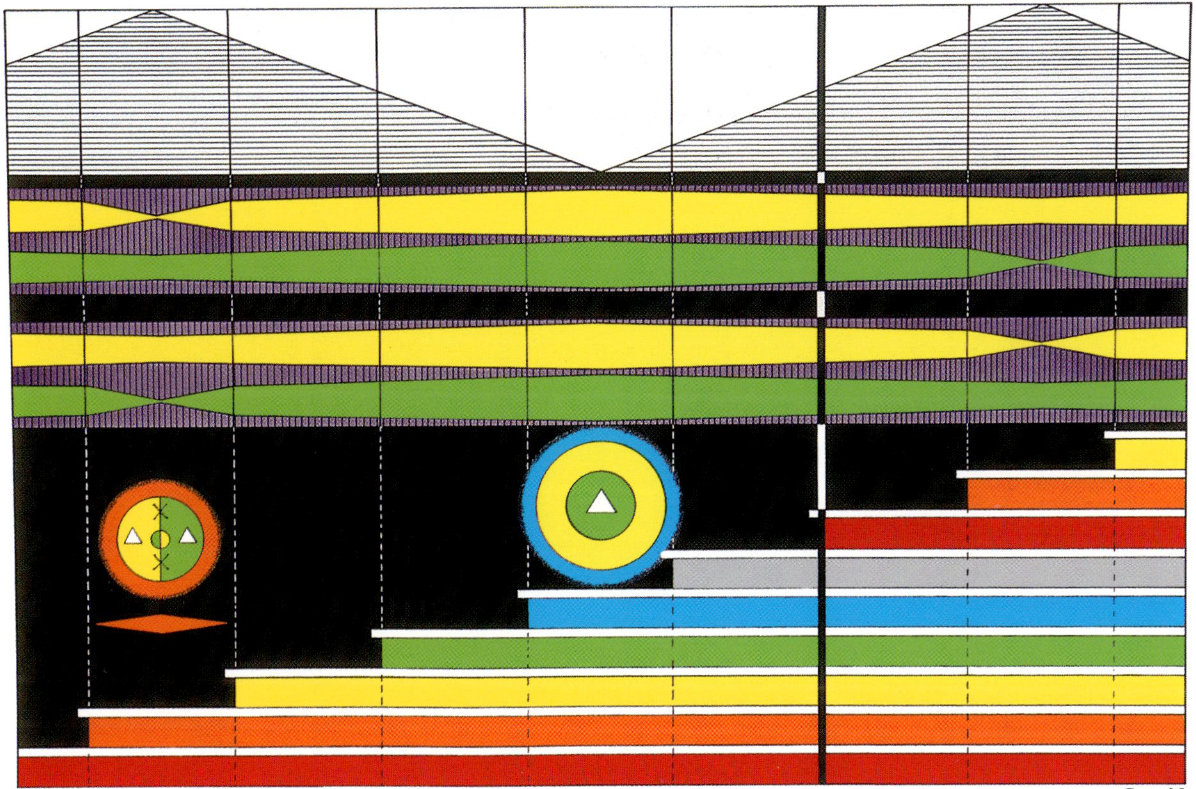

Reg. 35

Symbol Nr. 35
Der kosmische Kreislauf des Polprinzips

Symbol Nr. 35

Der kosmische Kreislauf des Polprinzips

Das Symbol zeigt, dass alle Lebewesen innerhalb eines kürzeren Abschnitts eines Spiralkreislaufs entweder als einpolige weibliche oder einpolige männliche Wesen auftreten und in den anderen Abschnitten des Spiralkreislaufs in ihrem primären doppelpoligen Zustand auf der geistigen Ebene. Ein Wechsel zum anderen einpoligen Zustand findet erst im folgenden Spiralkreislauf statt.

Die in unterschiedlichen Farben gezeichnete Treppenformation im unteren Teil des Symbols bezeichnet die verschiedenen Reiche der Spiralkreisläufe.

Die kräftige vertikale schwarz-weiße Linie bezeichnet das Ende eines Spiralkreislaufs und den Anfang des nächsten.

Die zwei horizontalen Felder mit violettem Hintergrund im oberen Teil des Symbols zeigen die Entfaltung des männlichen (grün) und des weiblichen (gelb) Pols während zweier Spiralkreisläufe.

Der orange Kreis im linken Teil des Symbols bezeichnet ein ineinander verliebtes männliches und weibliches Wesen im Paarungsakt.

Die orange spitze Figur links unten im Symbol bezeichnet das Gebiet der Einpoligkeit.

Der in einer blau eingerahmten Aura gezeichnete Kreis in der Mitte des Symbols symbolisiert ein vollkommenes doppelpoliges Wesen.

Ganz oben auf dem Symbol ist die Kulmination der Finsternis durch die schraffierte Fläche und die Kulmination des Lichts durch die weiße Fläche markiert.

Siehe hierzu auch die Erklärung von Symbol Nr. 35 im Buch „Das Ewige Weltbild“, Band 4

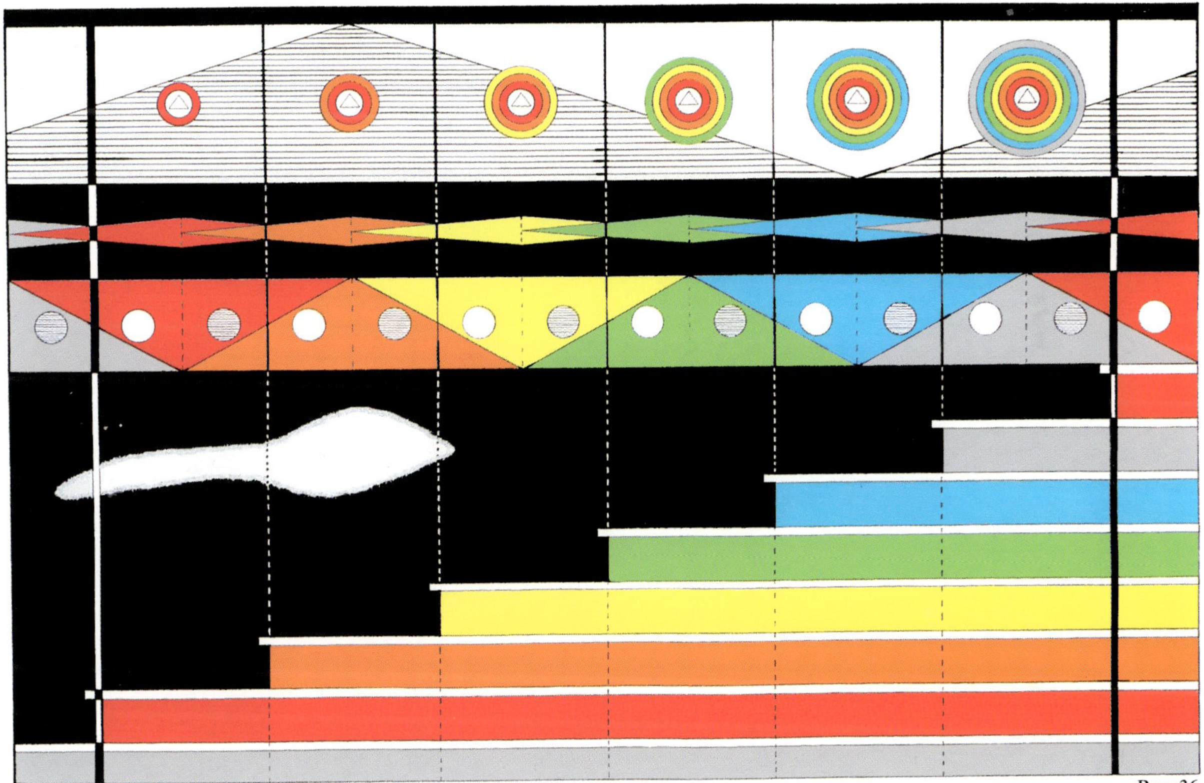

Reg. 36

Symbol Nr. 36
Die Struktur des ewigen Lebens

Symbol Nr. 36

Die Struktur des ewigen Lebens

Die zwei vertikalen dicken schwarz-weißen Linien bezeichnen Übergänge von einem Spiralkreislauf zum nächsten, während die gestrichelten Linien den Übergang innerhalb eines Spiralkreislaufs von einem Reich in das nächste bezeichnen.

Die vielfarbige Treppenformation im unteren Teil des Symbols zeigt die Daseinsebenen, unten beginnend mit dem Pflanzenreich (rot), gefolgt von Tierreich (orange), dem wahren Menschenreich (gelb), dem Weisheitsreich (grün), der göttlichen Welt (blau) und dem Gedächtnisreich (indigo).

Das vielfarbige horizontale Band mit den Kreisen im oberen Teil des Symbols symbolisiert die Entfaltung der jeweils dominierenden Energie in einem Reich.

Die weißen Kreise bezeichnen den primären, d.h. zunehmenden Bereich, die dunklen Kreise den sekundären, d.h. abnehmenden, degenerierenden Bereich der Energieentfaltung.

Das schmale horizontale farbige Band in der oberen Symbolhälfte symbolisiert die sanften und fast unmerklichen Übergänge zwischen den verschiedenen Reichen eines Spiralkreislaufs.

Zuoberst auf dem Symbol ist der Bereich der Finsternis durch die schraffierte Fläche und der Bereich des Licht durch die weiße Fläche markiert.

Die mit verschiedenen Farben und Größen dargestellten Kreise im oberen Teil des Symbols symbolisieren die Wahrnehmungskapazität der Wesen in den verschiedenen Reichen.

Die weiße Figur links im schwarzen Feld symbolisiert die jetzige Wahrnehmungskapazität der Erdenmenschheit.

Siehe hierzu auch die Erklärung von Symbol Nr. 36 im Buch „Das Ewige Weltbild“, Band 4

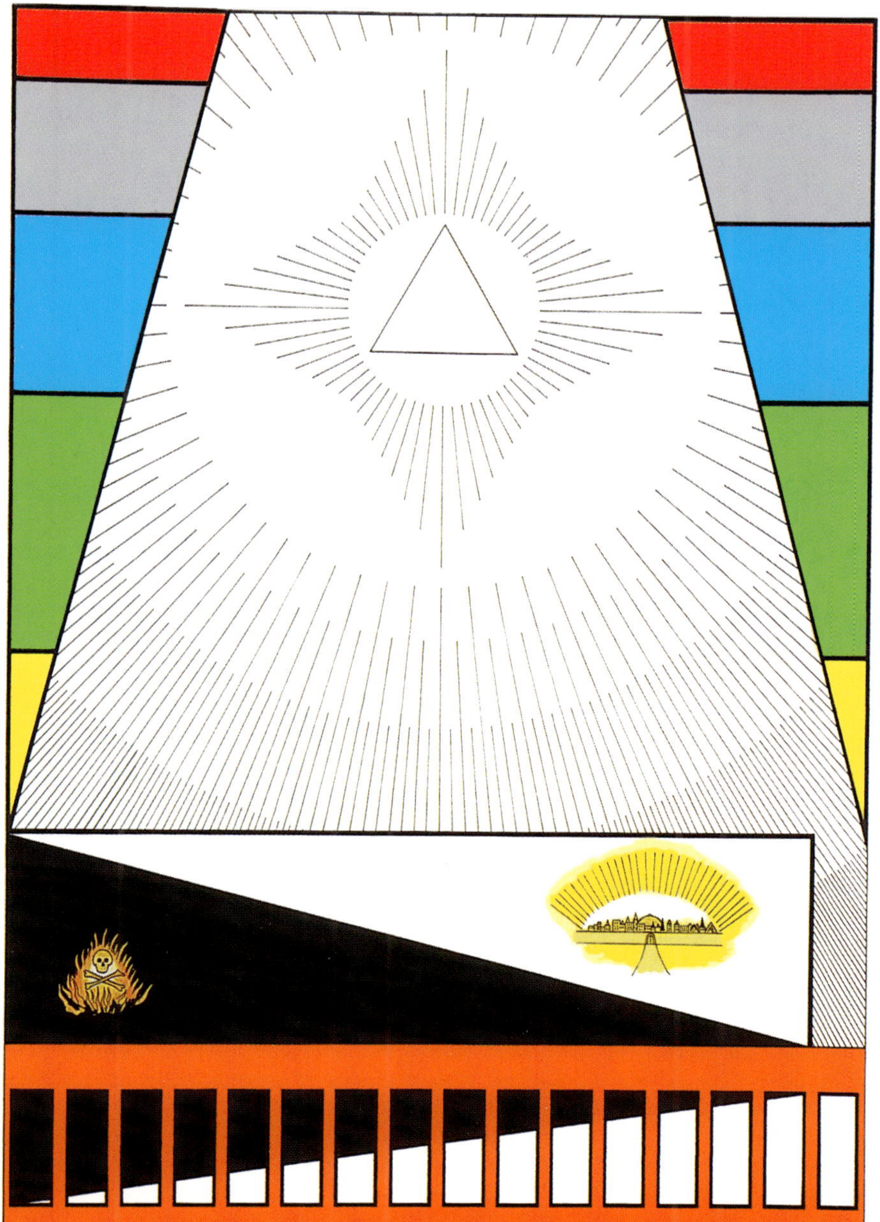

Reg. 37

Symbol Nr. 37
Die verschleierte und die entschleierte ewige Wahrheit

Symbol Nr. 37

Die verschleierte und die entschleierte ewige Wahrheit

Das Symbol verdeutlicht den entwicklungsbedingten gradweisen Zugang des Lebewesens zur ewigen Wahrheit.

Das weiße Dreieck symbolisiert die Gottheit.

Die vom weißen Dreieck ausgehenden Strahlenimpulse, symbolisieren das Licht Gottes oder Gottes Heiligen Geist.

Der orange Bereich mit den vielen schwarz-weißen Feldern im unteren Teil des Symbols symbolisiert die verschiedenen Entwicklungsstadien des noch unfertigen Menschen auf seinem Weg vom Tierreich (links) zum wahren Menschenreich.

Die großen diagonal voneinander getrennten schwarzen und weißen Felder symbolisieren den allmählichen Übergang des Wesens vom unfertigen zum fertigen Zustand

Die Totenkopffigur im linken schwarzen Teil soll verdeutlichen, dass das Wesen in diesem Bereich noch in einem geistigen Dunkel lebt, wo das tötende Prinzip noch eine Lebensbedingung ist.

Der gelbe Strahlenglanz über der Stadt verdeutlicht das vollkommen liebevolle Verhalten der durch das Erleben der Finsternis schon weiter entwickelten Wesen.

Ganz unten rechts ist das Stadium des fertig entwickelten Menschen gezeigt, mit unbehindertem Zugang zum Licht Gottes, mit kosmischem Bewusstsein und kosmischer Souveränität.

Die seitlichen Farbfelder symbolisieren die Daseinsebenen, die das Wesen später erleben wird.

Siehe hierzu auch die Erklärung von Symbol Nr. 37 im Buch „Das Ewige Weltbild“, Band 4

Reg. 38

Symbol Nr. 38
Der Mensch und animalische und vegetarische Nahrung

Symbol Nr. 38

Der Mensch und animalische und vegetarische Nahrung

Das Symbol zeigt die Gesetzmäßigkeiten, die bei der Nahrungsaufnahme für verschiedene Entwicklungsstufen der Wesen gelten.

In den großen Treppenstufen werden die Gesetzmäßigkeiten symbolisiert, die für die am besten der Entwicklung angepassten Nahrung in verschiedenen Daseinsebenen gelten:

- unterste Stufe (orange): Tierreich
- zweite Stufe (orange-gelb): Unfertiger Erdenmensch
- dritte Stufe (gelb): Wahres Menschenreich
- vierte Stufe (grün): Weisheitsreich
- oberste Stufe (blau): Göttliche Welt

In der untersten Stufe symbolisieren:

- die grünen, gelben und roten Teilchen die animalische Nahrung in Form von Lebenseinheiten,
- der vielfarbige Kreis eine animalische Lebenseinheit,
- die strahlenförmige orange Sonne das tötende Prinzip,
- die Zickzacklinie die Stärke oder Grobheit der animalischen Nahrung.

In der zweiten Stufe symbolisieren:

- die roten Teilchen die vegetarische Nahrung in Form von pflanzlichen Lebenseinheiten,
- die Kreisfigur mit dem weißen Dreieck eine pflanzliche Lebenseinheit,
- die gelbe Zickzacklinie die Stärke der gröberen vegetarischen Nahrung,
- die obere blaue Zickzacklinie die Stärke des entwickelten menschlichen Organismus oder der entsprechenden feineren vegetarischen Fruchtnahrung.

In der dritten Stufe symbolisieren:

- die Zickzacklinie mit blauem Hintergrund die ausschließliche Fruchternährung,
- die helle gelbe Sonne das Gebiet der vollkommenen und tötungsfreien Ernährung.

Die vierte und fünfte Stufe symbolisieren das Weisheitsreich und die göttliche Welt, in der es keine Ernährungsprobleme gibt.

Die Figur in der oberen linken Ecke symbolisiert das Verhältnis des unfertigen Menschen zu den verschiedenen Ernährungsweisen.

Siehe hierzu auch die Erklärung von Symbol Nr. 38 im Buch „Das Ewige Weltbild“, Band 4, und „Ideale Nahrung“ (Kleines Buch Nr.5)

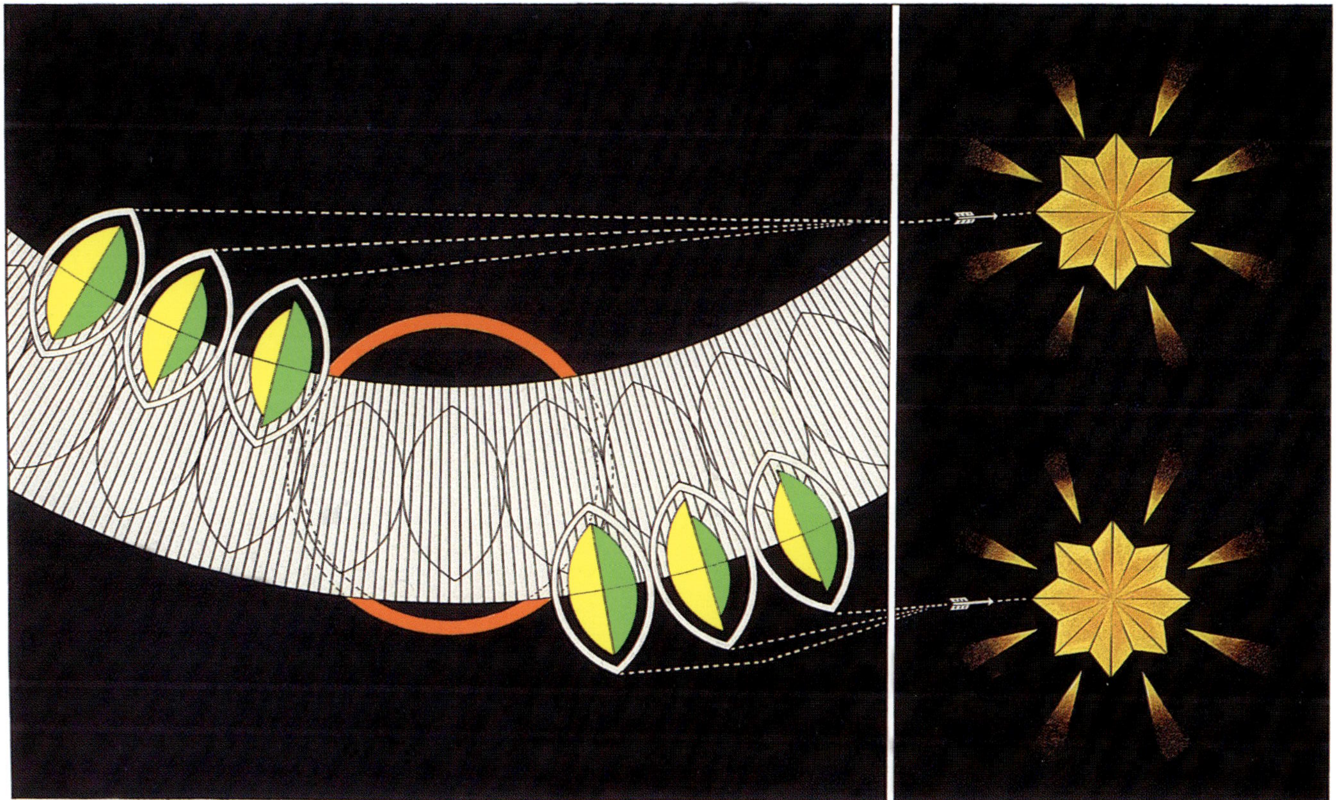

Reg. 39

Symbol Nr. 39
Die Bewusstseinskategorien der Erdenmenschheit

Symbol Nr. 39

Die Bewusstseinskategorien der Erdenmenschheit

Das Symbol beschreibt die Hintergründe für die Empfänglichkeit der Erdenmenschen für den neuen Weltimpuls.

Der orange Kreis in der Mitte der linken Symbolseite bezeichnet die Erde.

Der gestreifte weißflächige Kreisbogen symbolisiert den alten Weltimpuls.

Der obere Stern rechts im Symbol ist Ausdruck für die Kategorien der Wesen in Gruppe A, die für den neuen Weltimpuls offen sind.

Der untere rechte Stern ist Ausdruck für die Kategorien der Wesen in Gruppe B, die für den neuen Weltimpuls noch nicht offen sind und noch genügend geistige Nahrung durch den alten Weltimpuls erhalten.

Die drei linsenförmigen Figuren an der oberen Kantenlinie und die drei linsenförmigen Figuren an der unteren Kante des weißflächigen Kreisbogens symbolisieren verschiedenen Kategorien der Erdenmenschen.

Das Verhältnis zwischen gelber und grüner Farbe in den linsenförmigen Figuren repräsentiert in entsprechender Weise das Stärkeverhältnis von Gefühl (gelb) und Intelligenz (grün) in den Menschen der verschiedenen Kategorien. Gefühl und Intelligenz sind die entscheidenden Bewusstseinsfaktoren in den Wesen.

Siehe hierzu auch die Erklärung von Symbol Nr. 39 im Buch „Das Ewige Weltbild“, Band 4

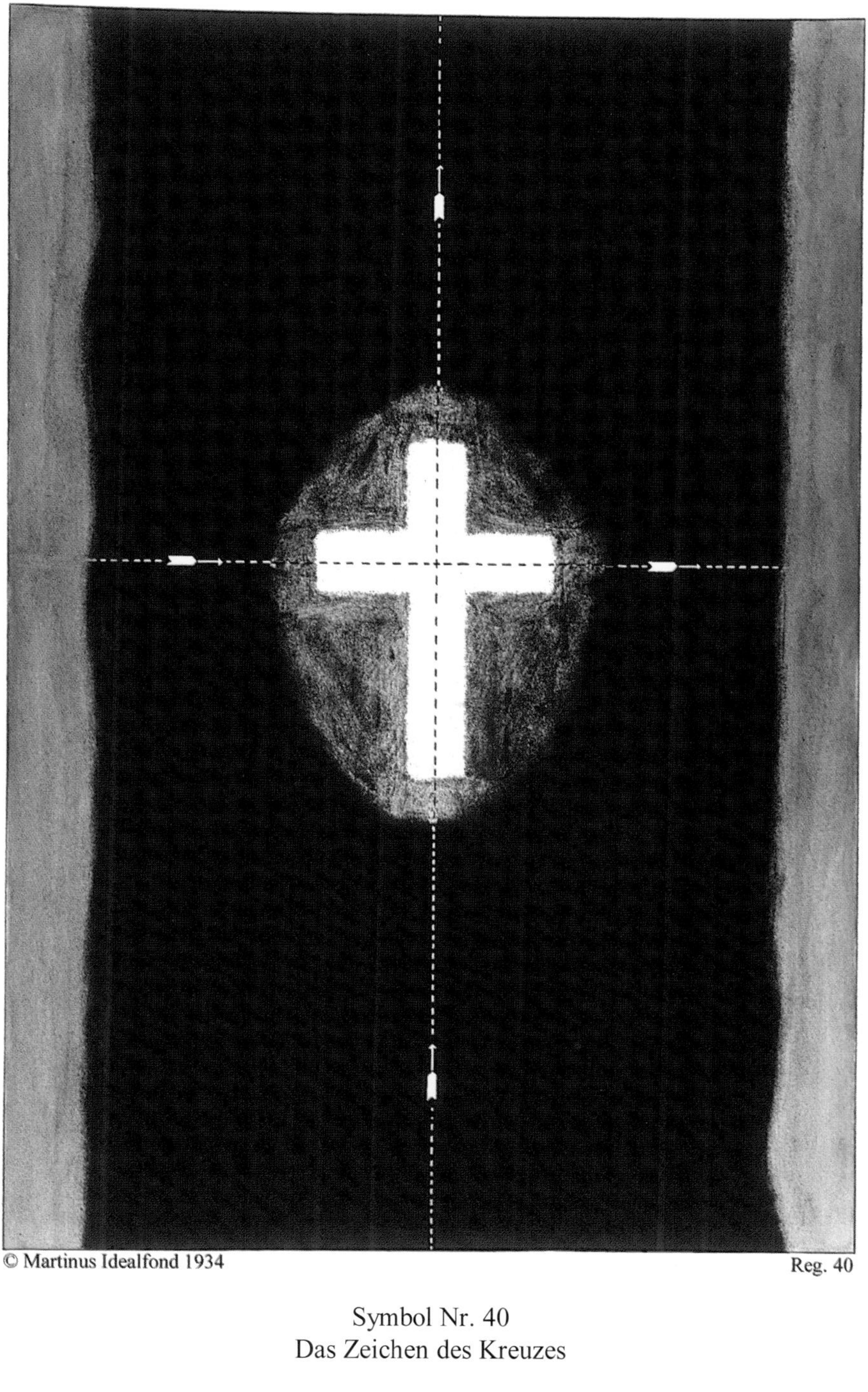

Reg. 40

Symbol Nr. 40
Das Zeichen des Kreuzes

Symbol Nr. 40

Das Zeichen des Kreuzes

Das Kreuz ist ein Symbol für die vollkommene Wahrnehmung und ist damit zugleich auch ein Symbol für das höchste Bewusstsein und des Lichts.

Zitat aus: Das Ewige Weltbild 3+4 (40.8):

Das leuchtende Feld links soll den Sternnebel im Mikrokosmos bezeichnen, während das leuchtende Feld rechts den Sternnebel im Makrokosmos bezeichnet. Zwischen diesen beiden Feldern führt eine gestrichelte Linie über das dunkle Feld, das die Materie symbolisieren soll. Diese Linie soll die gegenwärtige Forschungsrichtung der irdischen Wissenschaft zeigen, die „quer" über die Materie geht. Die andere gestrichelte Linie, die nach oben „längs“ der Materie läuft, stellt die Richtung dar, die diese Wissenschaft durch die hier im Buch beschriebene Kursänderung bekommt. Diese zwei Forschungsrichtungen, die beide notwendig sind, um den rechtmäßigen „Heiligen Geist“ zu bezeichnen, existieren also als das zutiefst auslösende Moment für das Erscheinen des „Zeichens des Kreuzes“.

Siehe hierzu auch die Erklärung von Symbol Nr. 40 im Buch „Das Ewige Weltbild“, Band 4

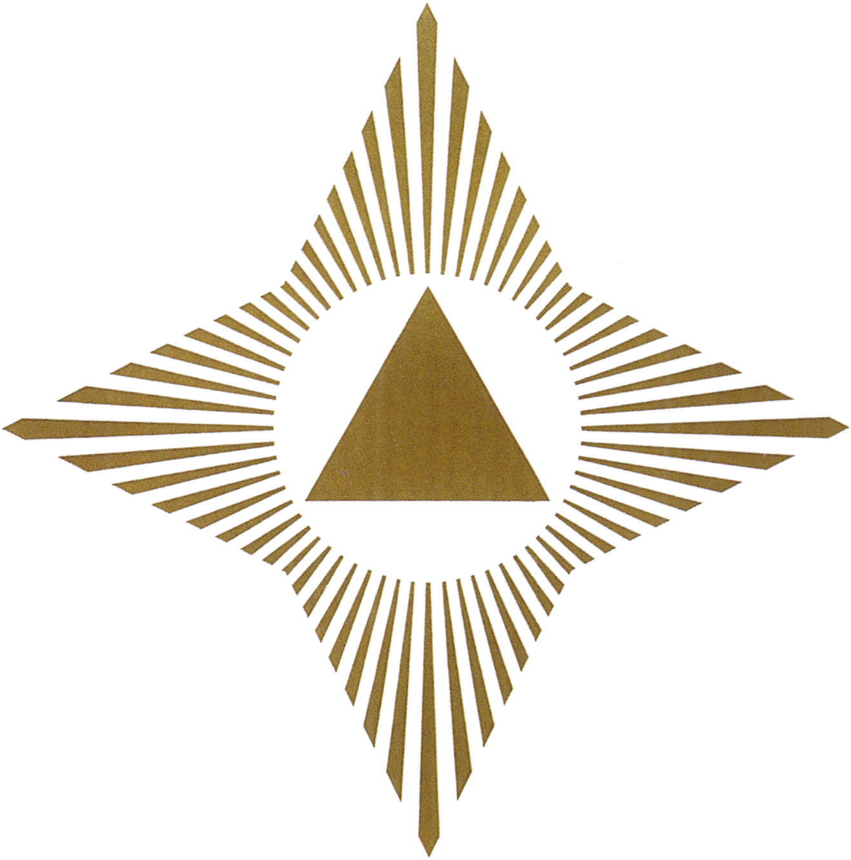

 Reg. 41

Symbol Nr. 41
Das Sternsymbol

Symbol Nr. 41

Das Sternsymbol

Das Symbol bringt das Universum selbst zum Ausdruck.

Das Dreieck soll ein „dreieiniges Prinzip“ darstellen, das mit X1, X2 und X3 benannt wird, die in jedem Lebewesen vorhanden sind und unter den Bezeichnungen „Ich“, „Manifestationsfähigkeit“ und „Organismus“ bekannt sind.

Das Dreieck, das von einer Sonne umgeben ist zeigt, dass das Leben oder Dasein seiner höchsten Analyse nach absolutes Licht ist.

Die Strahlen, die in Kreuzform hervortreten, symbolisieren, dass die vollkommenste Manifestation Liebe ist oder dies: sich für andere zu opfern.

Siehe hierzu auch die Erklärung von Symbol Nr. 41 im Buch „Das Ewige Weltbild“, Band 4

Reg. 42

Symbol Nr. 42
Die Struktur der Fahne

Symbol Nr. 42

Die Struktur der Fahne

Zitat aus: Das Ewige Weltbild 3+4 (42.2):

Das weiße Dreieck mit den weißen Strahlen in der Mitte des Bildes stellt die Grundanalyse des Weltalls oder das „dreieinige Prinzip“ dar: den Schöpfer, die Schöpfungsfähigkeit und das Geschöpfte, was wiederum im „Livets Bog“ die Bezeichnungen X1, X2 und X3 bekommen hat. Dieses dreieinige Prinzip drückt eben genau die drei Bedingungen aus, die erforderlich sind, damit ein „Etwas“ als ein „Lebewesen“ hervortreten kann.
Auf der Fahne wird dieses dreieinige Prinzip aus Rücksicht auf das Dekorative im doppelten Format dargestellt, indem die Pyramide, die an sich die Gesamtheit bezeichnet, hier besonders X1 ausdrückt, das „göttliche Etwas“ oder das, was in allen Lebewesen das Leben erlebt. Das Feld um die Pyramide herum und zwischen den weißen Strahlen tritt in violetter Farbe hervor und bezeichnet die „Mutterenergie“ X2 oder die „göttliche Schöpfungsfähigkeit“, die in der Energieentfaltung aller Lebewesen zur Manifestation kommt.

Die fünf großen Felder sind auf der Fahne von unten nach oben wie folgt koloriert: rot, orange, gelb, grün und blau. Sie bezeichnen fünf der sechs Daseinsebenen, in denen das Weltall hervortritt. Die sechste Daseinsebene ist auf der Fahne mit den kleinen Feldern unten und oben dargestellt. Diese zwei Felder sind indigofarben.

Die Fahne tritt also als Symbol für das ganze Weltall hervor und ist damit ihrer Struktur nach die allerhöchste Formel für alles, was es gibt, für alles, was gewesen ist, und für alles, was kommen wird. Alles ist also in diesem einen Bild ausgedrückt, das daher mit Recht nur das Symbol der Gottheit, der Weisheit und der Liebe sein kann oder das Kennzeichnen für den „Heiligen Geist“.

Siehe hierzu auch die Erklärung von Symbol Nr. 42 im Buch „Das Ewige Weltbild“, Band 4

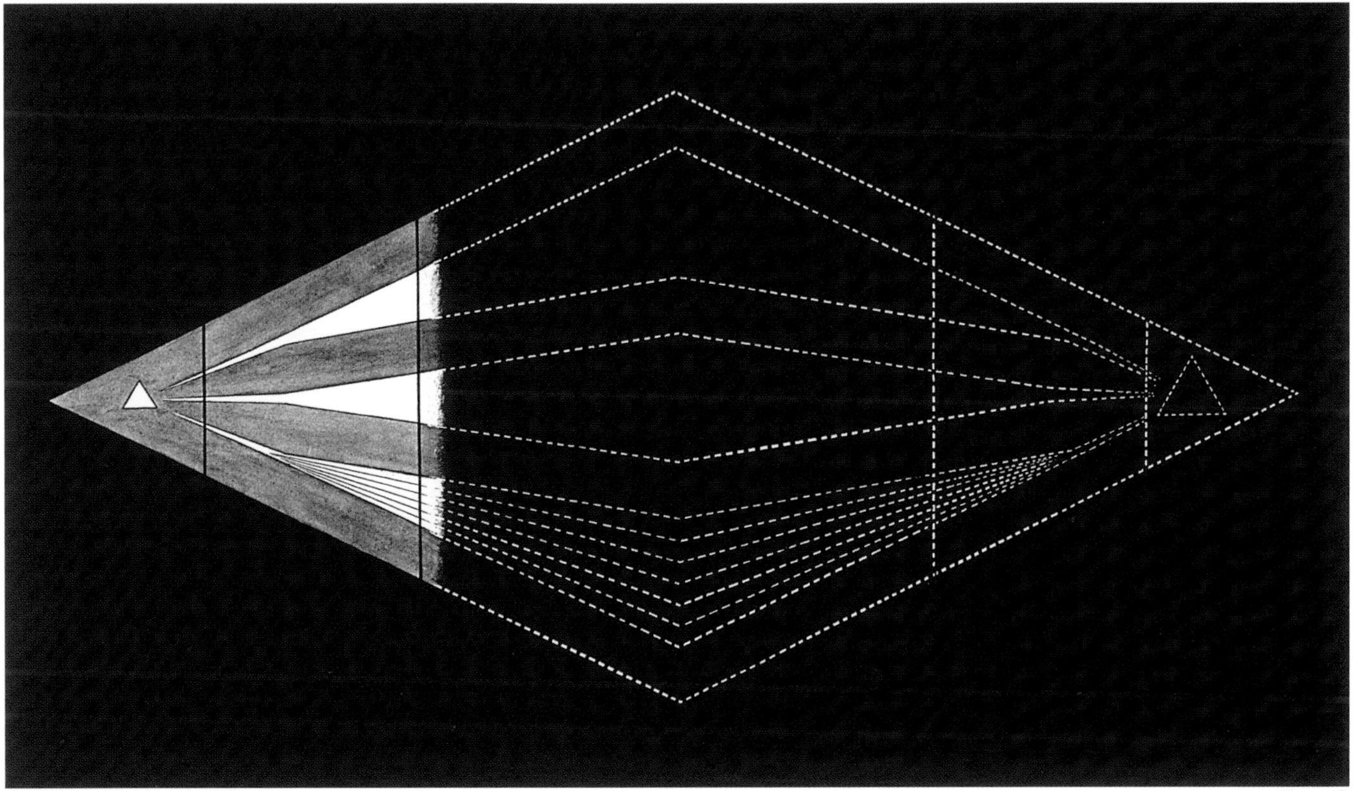

Reg. 43

Symbol Nr. 43
Das Symbol über das „Livets Bog“

Symbol Nr. 43

Symbol über das „Livets Bog“

Martinus beschreibt hier die Struktur des „Livets Bog“ für die Leser des ersten Bandes, die noch keinen Zugang zu den weiteren Bänden hatten.

Zitat aus: Das Ewige Weltbild 3+4, Symbol 43

Die Zeichnung soll das „Livets Bog“ ausdrücken. Genauso wie diese in fünf Abschnitten hervortritt, wird das fertige „Livets Bog“ auch in fünf Abschnitten hervortreten. Von diesen stellt der erste Abschnitt auf der Zeichnung das „Vorwort“ und der nächste die „Einleitung“ dar. Danach folgt ein Abschnitt, der in Wirklichkeit das eigentliche „Livets Bog“ ist. Die beiden nächsten Abschnitte des Werkes können als „Abschluss“ bzw. „Nachschrift“ bezeichnet werden.

Die mit den gestrichelten Linien gekennzeichneten Felder bezeichnen den noch nicht fertigen Teil vom „Livets Bog“, während der fertige Teil (1932) mit dem hellen Feld markiert ist.

Auf dem Symbol sind die Analysen dieser drei „X“ mit den drei Figuren dargestellt, die sich vom Dreieck im ersten Abschnitt durch die ganze Zeichnung bis zum Dreieck im letzten Abschnitt erstrecken. Die mittlere Figur stellt also die Analyse des X1 dar, die obere die Analyse des X2 oder der „Mutterenergie“, während die untere die Analyse des X3 oder der „sechs Grundenergien des Daseins“ zeigt.

In meiner Symbolik ist das Dreieck immer das Symbol für ein Lebewesen. Das Dreieck im ersten Abschnitt des Symbols bezeichnet in diesem Fall mich selbst. Ich beginne also das große Analysieren mit einer Beschreibung der Umstände, die mich dazu befähigten, meine eigene Quelle zu sein und damit das „Livets Bog“ zu einem Ergebnis meines absolut eigenen Sehens zu machen. Die Analysen gehen weiter und beschreiben in Form des „Vorwortes“ die Absicht mit dem Entstehen vom „Livets Bog“, beschreiben danach in Form der „Einleitung“ die gegenwärtige und künftige Weltsituation und gehen danach mit dem siebenten Kapitel in den dritten Abschnitt zu den wirklich großen und tragenden Problemen des Lebens und Daseins über, um dann im vierten Abschnitt im Dreieck des letzten Abschnitts auszumünden, das die mit den großen Analysen offenbarte ewige Gottheit zeigen soll.

Siehe hierzu auch die Erklärung von Symbol Nr. 43 im Buch „Das Ewige Weltbild“, Band 4

Reg. 44

Symbol Nr. 44
Das Gesetz vom Dasein – liebet einander

Symbol Nr. 44

Das Gesetz vom Dasein – liebet einander

In dem Symbol zeigt Martinus drei verschiedene Paare. Am Himmel, d.h. über allem, steht das Gebot „Liebet einander“. Sie sehen auf ein Meer, in dem sich das Licht der Sonne als Lichtkreuz im Wasser spiegelt.

In der Symbolbeschreibung wird an eine symbolische Geschichte angeknüpft. Diese handelt unter anderem von

- der Erde als einem Schiff auf dem unermesslichen Meer der Ewigkeit,
- der hellen Ausstrahlung des göttlichen Schöpfungsprinzips,
- der Quelle des Lichts und der Schattenseite der Erde und
- dem großen Gebot der Liebe: „Liebet einander“.

Siehe hierzu auch die Erklärung von Symbol Nr. 44 im Buch „Das Ewige Weltbild“, Band 4

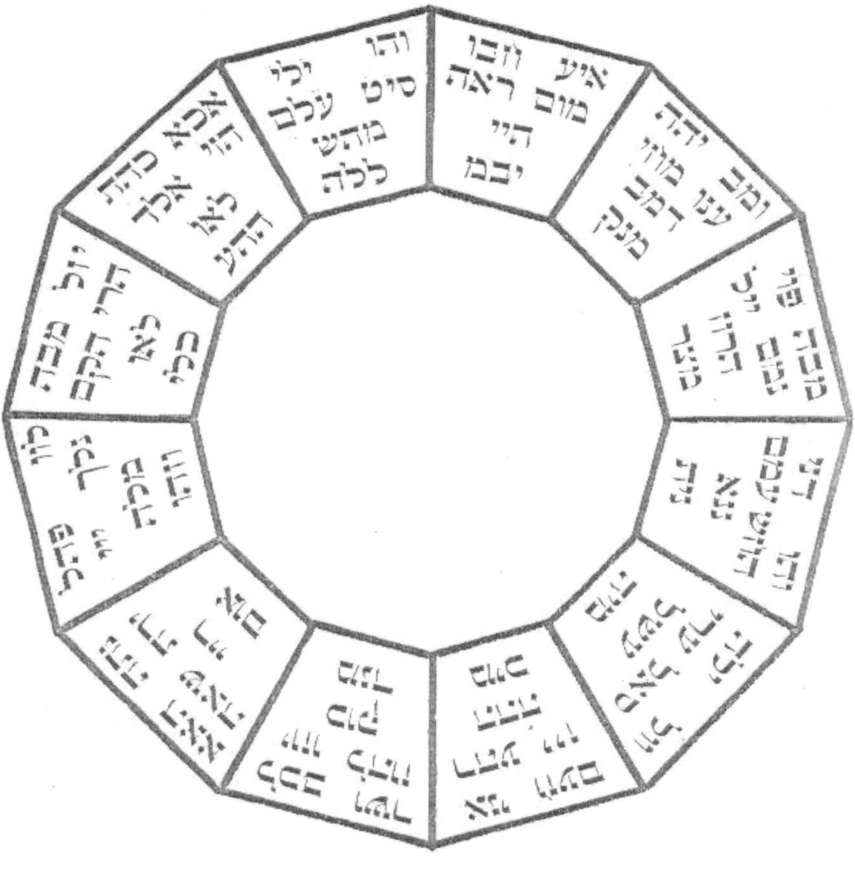

Zwölftrapez mit den 72 Gottesnamen
Arbeitsgrafik I von Otto Beckmann

Wer dahin kommt, dass er für seine Lieben und für seine Freunde und vielleicht dann auch professionell Heilarbeit mit den Symbolen praktizieren will, der braucht dann auch den angemessenen Platz für die ausgelegten Symbole. Sie werden so ausgelegt, dass auf eine Schwarzweiß-Kopie ein Foto aufgelegt wird. Es bleibt so lange, bis die Heilwirkung erreicht ist.

Dies kann der Empfangende feststellen, es kann aber auch radiästhetisch erwiesen werden. Ich frage dann mit der Rute in der Hand, ob das betreffende Foto zu Ende energetisiert ist und lege es dann auf das danach indizierte Symbol oder beende die Behandlung.

Wenn Sie nun viele Symbole für viele zu Behandelnde auslegen müssen, dann können Sie die Symbole auch in einem Regal auslegen. Sie dürfen nicht aufeinander gelegt werden, und auf ein und dasselbe Symbol lege man nicht zwei Fotos oder ein Foto mit mehreren Personen.

Wollen Sie mehrere Regalbretter – Metall eignet sich nicht dafür – übereinander benutzen, dann sind folgende Abstandsmaße zu beachten: Das unterste Regalbrett soll wenigstens 40 Zentimeter vom Boden entfernt sein. Die folgenden Regalbretter in einem Abstand von 33 Zentimeter oder mehr.

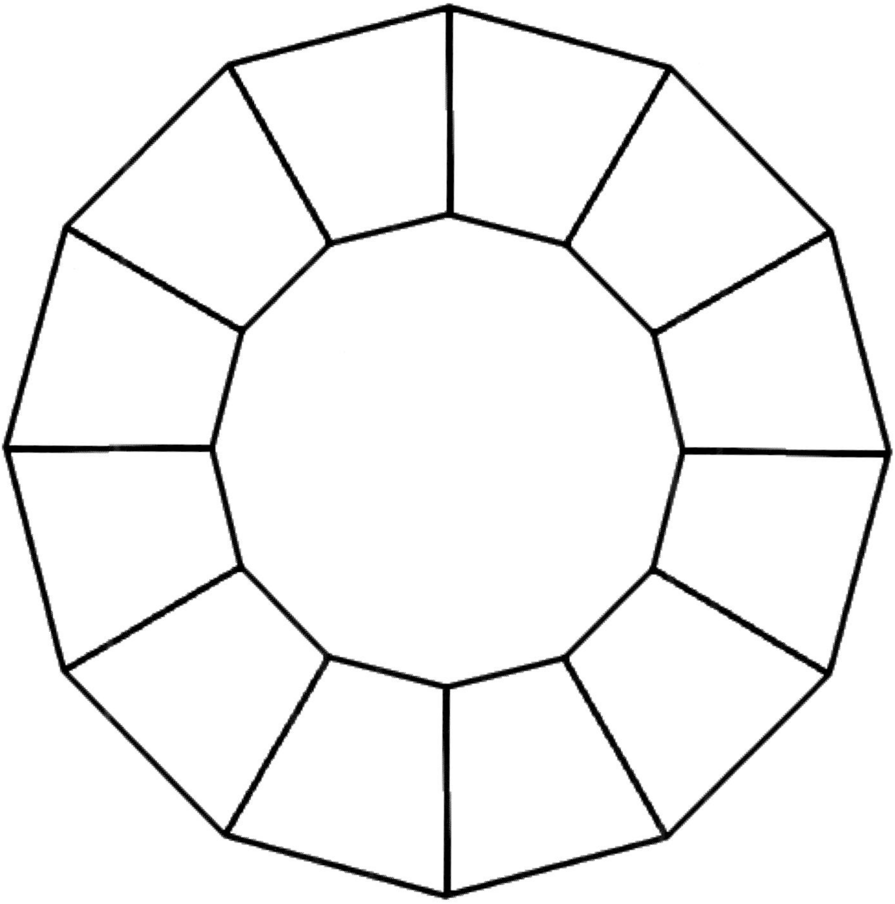

Zwölftrapez
Arbeitsgrafik II von Otto Beckmann

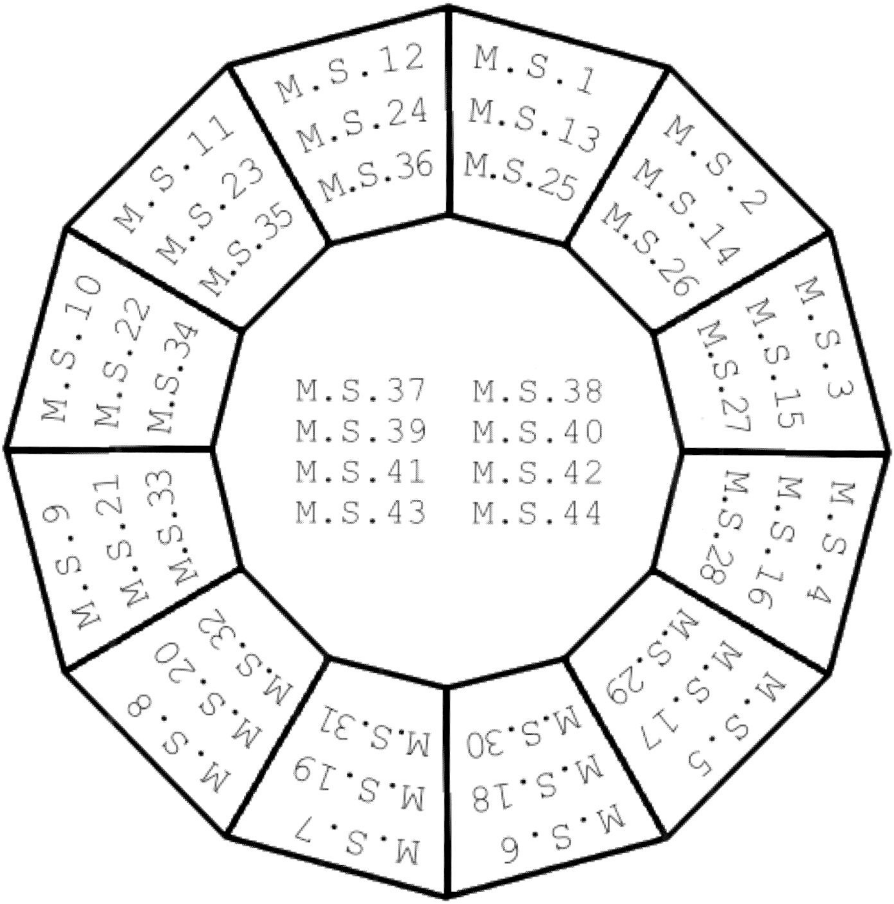

Zwölftrapez M.S. 1 bis M.S. 44
Arbeitsgrafik III von Otto Beckmann